근현대 전법 선맥(傳法禪脈)

75조 경허 성우(鏡虛 惺牛) 전법선사

오도송

홀연히 콧구멍 없는 소 되라는 말끝에	忽聞人語無鼻孔
삼천계가 내 집임을 단박에 깨달았네	頓覺三千是我家
유월의 연암산을 내려가는 길에서	六月鷰岩山下路
일없는 야인이 태평가를 부르노라	野人無事太平歌

76조 만공 월면(滿空 月面) 전법선사

전법게

구름과 달, 산과 계곡이라, 곳곳에서 같음이여	雲月溪山處處同
선가의 나의 제자 수산의 큰 가풍일세	叟山禪子大家風
은근히 무문인을 그대에게 분부하니	慇懃分付無文印
이 기틀의 방편이 활안 중에 있노라	一段機權活眼中

* 제75조 경허 성우 전법선사 전함 / 제76조 만공 월면 전법선사 받음

77조 전강 영신(田岡 永信) 전법선사

전법게

불조도 전한 바 없어서	佛祖未曾傳
나 또한 얻은 바 없음을…	我亦無所得
가을빛 저물어 가는 날에	此日秋色暮
뒷산의 원숭이가 울고 있네	猿嘯在後峰

* 제76조 만공 월면 전법선사 전함 / 제77조 전강 영신 전법선사 받음

78대 대원 문재현(大圓 文載賢) 전법선사

전법게

부처와 조사도 일찍이 전한 것이 아니거늘	佛祖未曾傳
나 또한 어찌 받았다 하며 준다 할 것인가	我亦何受授
이 법이 2천년대에 이르러서	此法二千年
널리 천하 사람을 제도하리라	廣度天下人

부송(付頌)

어상을 내리지 않고 이러–히 대한다 함이여	不下御床對如是
뒷날 돌아이가 구멍 없는 피리를 불리니	後日石兒吹無孔
이로부터 불법이 천하에 가득하리라	自此佛法滿天下

* 제77조 전강 영신 전법선사 전함 / 제78대 대원 문재현 전법선사 받음

이 오도송과 전법게는 대원 문재현 선사님께서 법리에 맞도록 새롭게 번역한 것입니다.

불조정맥 제 77조 대한불교 조계종 전강 대선사님께서는, 16세에 출가하여 23세 때 첫 깨달음을 얻고 25세에 인가를 받으셨다. 당대의 7대 선지식인 만공, 혜봉, 혜월, 한암, 금봉, 보월, 용성 선사님의 인가를 한 몸에 받으셨으며, 이 중 만공 선사님께 전법게를 받아 그 뒤를 이으셨다. 당대의 선지식들이 모두 극찬할 정도로 그 법이 뛰어나서 '지혜제일 정전강'이라 불렸다.

33세의 최연소의 나이로 통도사 조실을 하셨고, 법주사, 망월사, 동화사, 범어사, 천축사, 용주사, 정각사 등 유명선원 조실을 역임하시고 인천 용화사 법보선원의 조실로 일생을 마치셨다.

1975년 1월 13일, 용화사 법보선원의 천여 명 대중 앞에서 "어떤 것이 생사대사(生死大事)인고?" 자문한 후에 "악! 구구는 번성(飜成) 팔십일이니라."라고 법문한 뒤, 눈을 감고 좌탈입망하셨다.

다비를 하던 날, 화려한 불빛이 일고 정골에서 구슬 같은 사리가 무수히 나왔다. 열반하시기까지 한결같이 공안 법문으로 최상승법을 드날리셨으니 그 투철한 깨달음과 뛰어난 법, 널리 교화하기를 그치지 않으셨던 점에 있어서 한국 근대 선종의 거목이라 일컬어지고 있다.

불조정맥 제78대 대원 문재현 전법선사님
- 전강대법회에서 법문 중 할을 하시는 모습

오로지 정법만을 깨닫기 서원합니다.

입을 열면 정법만을 설하기 서원합니다.

중생이 다하는 그날까지 교화하기 서원합니다.

－대원 문재현 전법선사의 3대 서원

불교 8대 선언문

불교는 자신에게서 영생을 발견하게 한 유일한 종교이다.

불교는 자신에게서 모든 지혜를 발견하게 한 유일한 종교이다.

불교는 자신에게서 모든 능력을 발견하게 한 유일한 종교이다.

불교는 자신에게서 모든 것을 이루게 한 유일한 종교이다.

불교는 자신에게서 극락을 발견하게 한 유일한 종교이다.

불교는 깨달으면 차별 없어 평등하다는 유일한 종교이다.

불교는 모든 억압 없이 자신감을 갖게 한 유일한 종교이다.

불교는 그러므로 온 누리에 영원할 만인의 종교이다.

– 대원 문재현 전법선사 주창

전세계의 불교계에서 통일시켜야 할 일

경전의 말씀대로 32상과 80종호를 갖춘 불상으로 통일해야 한다.

예불 드리는 법을 통일해야 한다.

불공의식을 통일해야 한다.

– 대원 문재현 전법선사 주창

2017년 육조사 청도정맥선원 대원 문재현 선사님의 법회

대방광불화엄경
大方廣佛華嚴經

제 25 권

십회향품 ③
十廻向品

도서출판 문젠(구, 바로보인)은 정맥선원에서 운영하고 있습니다.

* 인제산(人濟山) 성불사(成佛寺) 국제정맥선원
  경기도 포천시 내촌면 소리개길 86-178 ☎ 031-531-8805
* 인제산(人濟山) 이룬절 포천정맥선원
  경기도 포천시 내촌면 소리개길 86-123 ☎ 031-532-1918
* 백양산(白楊山) 자모사(慈母寺) 부산정맥선원
  부산시 동래구 아시아드대로 114번길 10 대륙코리아나 2층 212호 ☎ 051-503-6460
* 자모산(慈母山) 육조사(六祖寺) 청도정맥선원
  경북 청도군 매전면 동산리 산 50 ☎ 010-4543-2460
* 광암산(光巖山) 성도사(成道寺) 광주정맥선원
  광주광역시 광산구 삼도광암길 34 ☎ 062-944-4088
* 대통산(大通山) 대통사(大通寺) 해남정맥선원
  전남 해남군 화산면 송계길 132-98 중정마을 ☎ 061-536-6366

바로보인 불법 ㊳

화 엄 경 25권

초판 1쇄 펴낸날 단기 4351년, 불기 3045년, 서기 2018년 4월 28일

역   저 대원 문재현 선사
펴 낸 곳 도서출판 문젠(Moonzen Press)
          11192,경기도 포천시 내촌면 소리개길 86-178
          전화 031-534-3373 팩스 031-533-3387
신 고 번 호 2010.11.24. 제2010-000004호

윤 문 교 정 증연 강영미
편집전자책제작 도향 하가연
표 지 그 림 현정(玄楨)
인   쇄 가람문화사

도서출판문젠 www.moonzenpress.com
정 맥 선 원 www.zenparadise.com
사막화방지국제연대(IUPD) www.iupd.org

華嚴十無頌 화엄십무송

- 대원 문재현 선사

無相法性常顯前
상이 없는 법성은 언제나 드러나 있고

無性諸法如谷響
성품이 없는 모든 법은 골짜기에 메아리 같도다

無外作處是自在
밖이 없이 짓는 곳을 이 자재라 하는 것이니

無非華嚴大道場
화엄 대도량 아님이 없음이로다

無窮無盡光神通
궁구할 수 없고 다함 없는 광명의 신통에서

無不出生三千界
삼천대천세계가 나오지 않음이 없도다

無碍相卽大自在
걸림이 없이 서로 즉한 대자재여

無爲之法是日常
함이 없는 법이 일상이로다

無有定法隨狀況
정한 법 없어 상황을 따름이여

無上無爲妙菩提
위 없고 함이 없는 묘보리로다

바로보인 불법 ㊳

화엄경(華嚴經) 25권

대 원 문재현 선사 역저

二十五 、십회향품 (十廻向品) ③

서 문

가없이 크고 넓어 광대함이여!
모양 없는 그 가운데 본래 갖춤
증득한 지혜인이라야 아네

남섬부주 일체의 나툼이여
본래의 갖춤에 비하자면
천만억분의 일도 안 된다네

이러-히 온통 온통함이여!
모두 갖춘 본연한 이 장엄을
'대방광불화엄'이라 하네

단기(檀紀) 4345년
불기(佛紀) 3039년

무등산인 대원 문재현
(無等山人 大圓 文載賢)

차 례

일러두기

1. 화엄경 본문을 지나치게 세밀하게 나누어 긴 주해를 싣지 않은 것
은 그로 해서 원문의 흐름이 끊어지게 되지 않을까 하는 우려에서이
다. 이런 까닭에 다만 수없이 장고(長考)하며 최대한 원문에 충실하
게 번역하고 각권의 마지막이나 각품의 마지막에만 결문(結文)을 더
하였다. 화엄경 본문이 이치적으로 더할 나위 없이 샅샅이 불화엄의
화장세계를 밝힌 것이라면 결문은 화엄경의 화장세계를 선(禪) 도
리로 간략히 바로 끊어 보인 것이다. 이로써 경의 본뜻이 굴절 없이
전달되어 화엄의 세계가 독자의 세계가 되기를 바란다.

2. 요즈음 화엄경을 접한 이들이 최고의 경전이라 불리는 화엄경 첫머
리부터 '신(神)'이라는 호칭으로 기록된 분들이 많은 것을 보고 의
아하게 생각하는 경우가 있다. 화엄경의 첫머리인 세주묘엄품을 보
면 이 '신(神)'이라는 호칭으로 기록된 분들이 불보살님의 화현이거
나 보살마하살의 경지에서 행하는 분들임을 알 수 있다. 이런 까닭
에 이 책에서는 '신(神)'을 '천제(天帝)'로 번역하였다. 예를 들면, '집
금강신'은 '집금강천제'로 의역하였다. 천제는 그 세계를 다스리고
교화하는 분, 곧 깨달아, 삼매와 지혜와 덕과 신통과 방편과 변재를
갖추어서 다스리고 교화하는 분을 말한다.

3. 미주는 *로 표시하였다.

二十五 십회향품 ③

佛子 云何爲菩薩摩訶薩 無盡功德藏廻向 佛子 此菩薩摩
訶薩 以懺除一切諸業重障 所起善根 禮敬三世一切諸佛
所起善根 勸請一切諸佛說法 所起善根 聞佛說法 精勤修
習 悟不思議廣大境界 所起善根 於去來今一切諸佛一切
衆生 所有善根 皆生隨喜 所起善根 去來今世一切諸佛 善
根無盡 諸菩薩衆 精勤修習 所得善根 三世諸佛 成等正覺
轉正法輪 調伏衆生 菩薩 悉知 發隨喜心 所生善根

5) 제5 다함이 없는 공덕장회향(功德藏廻向)

"불자들이여, 어떤 것을 보살마하살의 다함이 없는 공덕장회향이라 합니까?

불자들이여, 이 보살마하살이 일체 모든 업의 무거운 장애를 참회하고 없앰으로써 일으킨 선근과 삼세 일체 모든 부처님께 예경함으로써 일으킨 선근과 일체 모든 부처님께 설법을 권청하여 일으킨 선근과 부처님의 설법을 듣고 부지런히 닦아 익혀 부사의하고 광대한 경계를 깨달아 일으킨 선근과 과거와 미래와 현재의 일체 모든 부처님과 일체 중생에게 있는 선근을 다 따라서 기쁨을 내어 일으킨 선근과 과거와 미래와 현재의 일체 모든 부처님의 다함이 없는 선근을 모든 보살 대중이 부지런히 닦아 익혀서 얻는 선근과 삼세 모든 부처님께서 등정각을 이루어 바른 법륜을 굴리시고 중생들을 조복한 일을 보살이 다 알고 따라서 기뻐하는 마음을 발하여 내는 선근이 있습니다.

三世諸佛 從初發心 修菩薩行 成最正覺 乃至示現入般涅槃 般涅槃已 正法住世 乃至滅盡 於如是等 皆生隨喜 所有善根 菩薩 如是念不可說諸佛境界 及自境界 乃至菩提無障礙境 如是廣大無量差別 一切善根 凡所積集 凡所信解 凡所隨喜 凡所圓滿 凡所成就 凡所修行 凡所獲得 凡所知覺 凡所攝持 凡所增長 悉以廻向 莊嚴一切諸佛國土 如過去世無邊際劫 一切世界 一切如來 所行之處 所謂無量無數佛世界種 佛智所知 菩薩所識 大心所受 莊嚴佛刹

삼세 모든 부처님께서 처음 발한 마음으로 보살행을 닦고 최정각을 이루거나, 또는 반열반에 드심을 나타내 보이거나, 반열반에 드신 뒤에 정법이 세상에 머물거나, 또는 멸하여 다함에 이르기까지, 이와 같은 것들에 모두 따라서 기뻐함을 내는 선근이 있습니다.

　보살이 이와 같이 불가설 수의 모든 부처님의 경계와 자기의 경계와 더 나아가서 보리의 장애 없는 경계를 생각하여서, 이와 같이 광대하고 한량없이 차별한 일체 선근으로 모은 바와 믿어 아는 바와 따라서 기뻐하는 바와 원만한 바와 성취한 바와 닦아 행한 바와 얻은 바와 깨달아 아는 바와 지닌 바와 더욱 더한 바를 다 회향함으로써 일체 모든 불국토를 장엄합니다.

　과거 세상 끝없는 겁의 일체 세계가 일체 여래께서 행하신 곳으로, 한량없고 셀 수 없는 부처님 세계종류가 부처님의 지혜로 아는 바이고, 보살이 아는 바이며, 큰 마음으로 받아들여 장엄하는 부처님세계입니다.

清淨業行 所流所引 應衆生起 如來神力之所示現 諸佛出
世 淨業所成 普賢菩薩 妙行所興 一切諸佛 於中成道 示
現種種自在神力 盡未來際 所有如來應正等覺 徧法界住
當成佛道 當得一切清淨莊嚴功德佛土 盡法界虛空界 無邊
無際 無斷無盡 皆從如來智慧所生 無量妙寶之所莊嚴 所
謂一切香莊嚴 一切華莊嚴 一切衣莊嚴 一切功德藏莊嚴
一切諸佛力莊嚴 一切佛國土莊嚴

청정한 업과 행으로 두루 돌아다니며 이끈 것이고, 중생에 응하여 일어난 것이며, 여래의 위신력으로 나타내 보인 것이고, 모든 부처님께서 세상에 나오셔서 청정한 업으로 이룬 것이며, 보현보살의 묘한 행으로 일으킨 것이니, 일체 모든 부처님께서 그 가운데서 도를 이루고 갖가지 자재한 위신력을 나타내 보이신 것입니다.

미래제가 다하도록 모든 여래·응공·정등각께서 법계에 두루 머물러 마땅히 불도를 이루어서 일체 청정한 공덕의 불토를 장엄하심이, 온 법계와 허공계에 가없고 끝이 없으며 끊어짐도 없고 다함도 없을 것입니다.

모두 여래의 지혜에서 나온 한량없는 묘한 보배로 장엄하니, 일체 향 장엄과 일체 꽃 장엄과 일체 옷 장엄과 일체 공덕장 장엄과 일체 모든 부처님의 위력 장엄과 일체 부처님의 국토 장엄입니다.

如來所都 不可思議同行宿緣諸清淨衆 於中止住 未來世中
當成正覺 一切諸佛之所成就 非世所睹 菩薩淨眼 乃能照
見 此諸菩薩 具大威德 宿植善根 知一切法 如幻如化 普
行菩薩諸清淨業 入不思議自在三昧 善巧方便 能作佛事 放
佛光明 普照世間 無有限極 現在一切諸佛世尊 悉亦如是
莊嚴世界 無量形相 無量光色 悉是功德之所成就 無量香
無量寶 無量樹 無數莊嚴 無數宮殿 無數音聲

여래께서 계신 곳은 지난 세상의 인연으로 같이 수행하던 불가사의하고 청정한 모든 대중이 그 가운데 머물러 있으며, 미래세 가운데 정각을 이루실 일체 모든 부처님께서 성취하시는 바여서 세간이 볼 바가 아니요, 보살의 깨끗한 눈이라야 능히 비추어 볼 수 있습니다.

이 모든 보살이 큰 위덕을 갖추어 숙세에 선근을 심어서 일체 법이 환과 같고 화(化)한 것과 같음을 알며, 보살의 모든 청정한 업을 두루 행하고, 부사의하게 자재한 삼매에 들어가며, 공교한 방편으로 불사를 짓고, 부처님의 광명을 놓아 세간을 널리 비춤이 한계와 끝이 없습니다.

현재의 일체 모든 부처님 세존께서도 다 또한 이와 같이 세계를 장엄하시니, 한량없는 형상과 한량없는 광명의 빛이 다 이 공덕으로 성취하는 바여서, 한량없는 향과 한량없는 보배와 한량없는 나무와 셀 수 없는 장엄과 셀 수 없는 궁전과 셀 수 없는 음성입니다.

隨順宿緣諸善知識 示現一切功德莊嚴 無有窮盡 所謂一
切香莊嚴 一切鬘莊嚴 一切末香莊嚴 一切寶莊嚴 一切幡
莊嚴 一切寶繒綵莊嚴 一切寶欄楯莊嚴 阿僧祇金網莊嚴
阿僧祇河莊嚴 阿僧祇雲雨莊嚴 阿僧祇音樂 奏微妙音 如
是等無量無數莊嚴之具 莊嚴一切盡法界虛空界 十方無量
種種業起 佛所了知 佛所宣說 一切世界 其中所有一切佛土
所謂莊嚴佛土 清淨佛土 平等佛土 妙好佛土 威德佛土 廣
大佛土 安樂佛土 不可壞佛土 無盡佛土 無量佛土 無動佛
土 無畏佛土 光明佛土

지난 세상 인연의 모든 선지식을 수순하여 일체 공덕의 장엄을 나타내 보임이 다함이 없으니, 일체 향 장엄과 일체 화만 장엄과 일체 가루향 장엄과 일체 보배 장엄과 일체 번기 장엄과 일체 보배비단 장엄과 일체 보배 난간 장엄과 아승기 수의 금그물 장엄과 아승기 수의 강 장엄과 아승기 수의 구름과 비 장엄과 아승기 수의 음악으로 미묘한 소리를 연주하는 것입니다.

이와 같은 등의 한량없고 셀 수 없는 장엄구로 장엄된 일체 온 법계와 허공계는 시방의 한량없는 갖가지 업으로 일어났고, 부처님께서 밝게 아시는 바이며, 부처님께서 널리 펴 설하시는 일체 세계입니다.

그 가운데에 있는 일체 불토는 이른바 장엄한 불토와 청정한 불토와 평등한 불토와 아름다운 불토와 위덕의 불토와 광대한 불토와 안락한 불토와 파괴할 수 없는 불토와 다함이 없는 불토와 한량이 없는 불토와 움직이지 않는 불토와 두려움 없는 불토와 광명의 불토와

無違逆佛土 可愛樂佛土 普照明佛土 嚴好佛土 精麗佛土
妙巧佛土 第一佛土 勝佛土 殊勝佛土 最勝佛土 極勝佛土
上佛土 無上佛土 無等佛土 無比佛土 無譬喻佛土 如是過
去未來現在一切佛土 所有莊嚴 菩薩摩訶薩 以己善根 發
心廻向 願以如是去來現在一切諸佛 所有國土清淨莊嚴 悉
以莊嚴於一世界 如彼一切諸佛國土 所有莊嚴 皆悉成就
皆悉清淨 皆悉聚集 皆悉顯現 皆悉嚴好 皆悉住持

어기고 거스름이 없는 불토와 좋아하고 즐거운 불토와 널리 밝게 비추는 불토와 장엄하고 훌륭한 불토와 정밀하고 화려한 불토와 묘하고 공교한 불토와 제일의 불토와 뛰어난 불토와 특히 뛰어난 불토와 가장 뛰어난 불토와 극히 뛰어난 불토와 위인 불토와 위 없는 불토와 같을 것이 없는 불토와 비할 데 없는 불토와 비유할 수 없는 불토입니다.

이와 같은 과거와 미래와 현재의 일체 불토의 모든 장엄을 보살마하살이 자기 선근으로써 발심하여 회향하기를 '이와 같은 과거와 미래와 현재의 일체 모든 부처님께서 모든 국토의 청정한 장엄으로 한 세계를 다 장엄하듯이, 저 일체 모든 불국토의 모든 장엄을 모두 다 성취하고, 모두 다 청정히 하며, 모두 다 모으고, 모두 다 나타내며, 모두 다 아름답게 장엄하고, 모두 다 주관하신다.

如一世界 如是盡法界虛空界 一切世界 悉亦如是 三世一切諸佛國土 種種莊嚴 皆悉具足 佛子 菩薩摩訶薩 復以善根 如是廻向 願我所修一切佛剎 諸大菩薩 皆悉充滿 其諸菩薩 體性眞實 智慧通達 善能分別一切世界 及衆生界 深入法界 及虛空界 捨離愚癡 成就念佛 念法眞實 不可思議 念僧無量 普皆周徧 亦念於捨 法日圓滿 智光普照 見無所礙 從無得生 生諸佛法 爲衆勝上善根之主

한 세계와 같이 이러-한 온 법계와 허공계의 일체 세계도 다 또한 이와 같이 하여, 삼세 일체 모든 불국토의 갖가지 장엄을 모두 다 구족하기를 서원하나이다.'라고 합니다.

불자들이여, 보살마하살이 다시 선근으로써 이와 같이 회향하기를 '내가 닦은 바 일체 부처님세계에 모든 큰 보살이 다 가득하기를 서원하나이다.'라고 합니다.

'그 모든 보살은 성품의 몸이 참답고 실다우며, 통달한 지혜로 일체 세계와 중생계를 잘 분별하며, 법계와 허공계에 깊이 들어가며, 어리석음과 미혹함을 여의어 버리며, 부처님을 생각함을 성취하며, 법이 참답고 실다워 불가사의함을 생각하며, 승(僧)이 한량없이 널리 다 두루한 것을 생각한다. 또 베푸는 것을 생각하고, 법의 태양이 원만하여 지혜광명이 널리 비치어 걸림 없이 보며, 혼연하여 구별이 없는 만물의 근원이 되는 도*를 따라 생겨서 모든 불법을 내어 온갖 가장 수승한 선근의 주인이 되고,

發生無上菩提之心 住如來力 趣薩婆若 破諸魔業 淨衆生
界 深入法性 永離顚倒 善根大願 皆悉不空 如是菩薩 充
滿其土 生如是處 有如是德 常作佛事 得佛菩提 淸淨光
明 具法界智 現神通力 一身 充滿一切法界 得大智慧 入一
切智所行之境 善能分別無量無邊 法界句義 於一切刹 皆
無所着 而能普現一切佛土 心如虛空 無有所依 而能分別
一切法界 善能入出不可思議甚深三昧 趣薩婆若 住諸佛刹
得諸佛力 開示演說阿僧祇法 而無所畏

위 없는 보리심을 발하여 내고 여래의 힘에 머물러 살바야에 나아가며, 모든 마군의 업을 없애어 중생계를 청정하게 하고, 법성에 깊이 들어가 전도됨을 영원히 여의며, 선근과 대원이 모두 다 헛되지 않게 한다.

이와 같은 보살들이 그 국토에 가득하여 이와 같은 곳에 태어나 이와 같은 덕이 있어 항상 불사를 지어서, 부처님의 보리와 청정한 광명을 얻어 법계의 지혜를 갖추고, 신통력을 나타내어서 온통인 몸이 일체 법계에 충만하며, 큰 지혜를 얻어 일체 지혜로 행하는 경지에 들어가서 한량없고 가없는 법계의 글귀와 뜻을 잘 분별하고, 일체 세계에 다 집착하는 바가 없되 일체 불토에 두루 나타나며, 마음은 허공 같아 의지한 바가 없되 일체 법계를 분별하고, 불가사의하고 심히 깊은 삼매에 잘 들어간다.

살바야에 나아가 모든 부처님세계에 머물고, 모든 부처님의 위력을 얻어, 아승기 수의 법을 널리 펴 설하여 열어 보이되 두려운 바가 없다.

隨順三世諸佛善根 普照一切如來法界 悉能受持一切佛法 知阿僧祇諸語言法 善能演出不可思議差別音聲 入於無上佛自在地 普遊十方一切世界 而無障礙 行於無諍無所依法 無所分別 修習增廣菩提之心 得善巧智 善知句義 能隨次第 開示演說 願令如是諸大菩薩 莊嚴其國 充滿分布 隨順安住 熏修極熏修 純淨極純淨 恬然宴寂

삼세 모든 부처님의 선근을 수순하고, 일체 여래의 법계를 두루 비추어 일체 불법을 다 받아 지니며, 아승기수의 모든 언어의 법을 알아서 불가사의하게 차별된 음성을 잘 연출하고, 위 없는 부처님의 자재한 지위에 들어가 시방 일체 세계에 널리 다니되 장애됨이 없으며, 다툼이 없고 의지할 바 없는 법을 행하되 분별할 바가 없고, 보리심을 더 넓게 닦아 익혀 공교한 지혜를 얻으며, 글귀의 뜻을 잘 알아 차례를 따라 열어보이고 널리 펴 설한다.

이와 같은 모든 큰 보살이 그 국토를 장엄해서 널리 가득하고, 수순하여 편히 머무르며, 훈습하여 닦고 극히 훈습하여 닦으며, 순수하여 깨끗이 하고 극히 순수하여 깨끗이 해서, 편안하고 고요함으로 즐긴다.

於一佛刹 隨一方所 皆有如是無數無量無邊無等不可數不
可稱不可思不可量不可說不可說不可說諸大菩薩 周徧充滿
如一方所 一切方所 亦復如是 如一佛刹 盡虛空徧法界一
切佛刹 悉亦如是 佛子 菩薩摩訶薩 以諸善根 方便廻向一
切佛刹 方便廻向一切菩薩 方便廻向一切如來 方便廻向一
切佛菩提 方便廻向一切廣大願 方便廻向一切出要道 方便
廻向淨一切衆生界 方便廻向於一切世界 常見諸佛出興於
世 方便廻向常見如來壽命無量

한 부처님세계의 한 방소를 따라 다 이와 같이 무수 무량 무변 무등 불가수 불가칭 불가사 불가량 불가설 불가설불가설 수의 모든 큰 보살이 두루 가득하고, 한 방소와 같이 일체 방소에서도 또한 다시 이와 같으며, 한 부처님세계와 같이 온 허공 법계에 두루한 일체 부처님세계에서도 다 또한 이와 같이 되기를 서원하나이다.'라고 합니다.

불자들이여, 보살마하살이 모든 선근으로써 일체 부처님세계에 방편으로 회향하고, 일체 보살에게 방편으로 회향하며, 일체 여래께 방편으로 회향하고, 일체 부처님의 보리에 방편으로 회향하며, 일체 광대한 원에 방편으로 회향하고, 일체 생사를 초월한 요긴한 도에 나아감에 방편으로 회향하며, 일체 중생계를 깨끗하게 함에 방편으로 회향하고, 일체 세계에서 모든 부처님께서 세상에 출현하심을 항상 보는 것에 방편으로 회향하며, 여래의 수명이 한량없음을 항상 보는 것에 방편으로 회향하고,

方便廻向常見諸佛 徧周法界 轉無障礙不退法輪 佛子 菩
薩摩訶薩 以諸善根 如是廻向時 普入一切佛國土故 一切
佛刹 皆悉淸淨 普至一切衆生界故 一切菩薩 皆悉淸淨 普
願一切諸佛國土 佛出興故 一切法界 一切佛土 諸如來身
超然出現 佛子 菩薩摩訶薩 以如是等無比廻向 趣薩婆若
其心廣大 猶如虛空 無有限量 入不思議 知一切業 及以果
報 皆悉寂滅 心常平等 無有邊際 普能徧入一切法界

모든 부처님께서 법계에 두루 가득하여 장애됨이 없고 물러나지 않는 법륜을 굴리심을 항상 보는 것에 방편으로 회향합니다.

불자들이여, 보살마하살이 모든 선근으로써 이와 같이 회향할 때에, 일체 불국토에 널리 들어가는 까닭으로 일체 부처님세계가 모두 다 청정하고, 일체 중생계에 널리 이르르는 까닭으로 일체 보살이 모두 다 청정하며, 일체 모든 불국토에 부처님께서 출현하시기를 널리 원하는 까닭으로 일체 법계와 일체 불토에 모든 여래의 몸이 초연히 출현하게 됩니다.

불자들이여, 보살마하살이 이와 같은 등의 비할 데 없는 회향으로써 살바야에 나아가 마음이 허공과 같이 광대하여 한량없는 부사의함에 들어가고, 일체 업과 과보가 다 열반임을 알아 마음이 항상 평등하고 가없어서 일체 법계에 두루 들어갑니다.

佛子 菩薩摩訶薩 如是廻向時 不分別我 及以我所 不分
別佛 及以佛法 不分別剎 及以嚴淨 不分別衆生 及以調
伏 不分別業 及業果報 不着於思 及思所起 不壞因 不壞
果 不取事 不取法 不謂生死有分別 不謂涅槃恒寂靜 不謂
如來 證佛境界 無有少法與法同止 佛子 菩薩摩訶薩 如是
廻向時 以諸善根 普施衆生 決定成熟 平等敎化 無相無緣
無稱量無虛妄 遠離一切分別取着

불자들이여, 보살마하살이 이와 같이 회향할 때에, '나'
와 '나의 것'을 분별하지 않고, 부처님과 불법을 분별하지
않으며, 세계와 청정한 장엄을 분별하지 않고, 중생과 조
복함을 분별하지 않으며, 업과 업의 과보를 분별하지 않
습니다.

생각과 생각이 일어나는 바에 집착하지도 않으며, 인
(因)도 무너뜨리지 않고 과(果)도 무너뜨리지 않으며, 일
[事]도 취하지 않고 법도 취하지 않으며, 나고 죽는다는
분별이 있다고도 하지 않고 열반이 항상 고요하다고도 하
지 않으며, 여래께서 부처님 경계를 증득하셨다고도 하지
않으니, 적은 법도 법과 더불어 같이 머문 적이 없습니다.

불자들이여, 보살마하살이 이와 같이 회향할 때에, 모
든 선근으로써 널리 중생에게 보시해서 결정코 성숙시
키고, 평등하게 교화하여 상도 없고 반연함도 없으며,
헤아림도 없고 허망함도 없어서 일체 분별과 취하여 집
착함을 멀리 여의었습니다.

菩薩摩訶薩 如是廻向已 得無盡善根 所謂念三世一切諸佛
故 得無盡善根 念一切菩薩故 得無盡善根 淨諸佛利故 得
無盡善根 淨一切衆生界故 得無盡善根 深入法界故 得無
盡善根 修無量心等虛空界故 得無盡善根 深解一切佛境界
故 得無盡善根 於菩薩業 勤修習故 得無盡善根 了達三世
故 得無盡善根

보살마하살이 이와 같이 회향하고 나서 다함이 없는 선근을 얻으니, 삼세의 일체 부처님을 생각하는 까닭으로 다함이 없는 선근을 얻고, 일체 보살을 생각하는 까닭으로 다함이 없는 선근을 얻으며, 모든 부처님세계를 깨끗하게 하는 까닭으로 다함이 없는 선근을 얻고, 일체 중생계를 깨끗하게 하는 까닭으로 다함이 없는 선근을 얻으며, 법계에 깊이 들어가는 까닭으로 다함이 없는 선근을 얻고, 한량없는 마음을 닦아 허공계와 평등한 까닭으로 다함이 없는 선근을 얻으며, 일체 부처님의 경계를 깊이 아는 까닭으로 다함이 없는 선근을 얻고, 보살의 업을 부지런히 닦아 익히는 까닭으로 다함이 없는 선근을 얻으며, 삼세를 밝게 통달하는 까닭으로 다함이 없는 선근을 얻습니다.

佛子 菩薩摩訶薩 以一切善根 如是廻向時 了一切衆生界
無有衆生 解一切法 無有壽命 知一切法 無有作者 悟一切
法 無補特伽羅 了一切法 無有忿諍 觀一切法 皆從緣起
無有住處 知一切物 皆無所依 了一切刹 悉無所住 觀一切
菩薩行 亦無處所 見一切境界 悉無所有 佛子 菩薩摩訶薩
如是廻向時 眼終不見不淨佛刹 亦復不見異相衆生 無有少
法 爲智所入 亦無少智 而入於法 解如來身 非如虛空

불자들이여, 보살마하살이 일체 선근으로써 이와 같이 회향할 때에, 일체 중생계와 중생이 없음을 알고, 일체 법이란 것이 수명이 없음을 알며, 일체 법을 짓는 이가 없음을 알고, 일체 법에 보특가라*가 없음을 깨달으며, 일체 법이 성을 내어 다툴 것이 없음을 알고, 일체 법이 모두 인연을 좇아서 일어난 것으로 머문 곳이 없음을 관하며, 일체 물건이 모두 의지한 바가 없음을 알고, 일체 세계가 모두 머문 바가 없음을 알며, 일체 보살행이 또한 처소가 없음을 관하고, 일체 경계가 모두 있는 것이 아님을 봅니다.

불자들이여, 보살마하살이 이와 같이 회향할 때에 부처님세계에서는 깨끗하지 않음을 끝내 눈으로 볼 수 없고 또한 다른 상의 중생도 볼 수 없으며, 적은 법이라도 지혜로 들어갈 바가 없고 또한 적은 지혜라도 법에 들어간 적이 없으며, 여래의 몸이 허공과도 같지 않음을 압니다.

一切功德 無量妙法 所圓滿故 於一切處 令諸衆生 積集
善根 悉充足故 佛子 此菩薩摩訶薩 於念念中 得不可說不
可說十力地 具足一切福德 成就淸淨善根 爲一切衆生福田
此菩薩摩訶薩 成就如意摩尼功德藏 隨有所須 一切樂具
悉皆得故 隨所遊方 悉能嚴淨一切國土 隨所行處 令不可
說不可說衆生 皆悉淸淨 攝取福德 修治諸行故

일체 공덕과 한량없는 묘한 법이 원만한 까닭이고, 일체의 곳에서 모든 중생으로 하여금 선근을 쌓아서 다 충족한 까닭입니다.

　불자들이여, 이 보살마하살이 생각마다 불가설불가설 수의 십력의 지위를 얻어서 일체의 복덕을 구족하고, 청정한 선근을 성취하여 일체 중생의 복밭이 됩니다.

　이 보살마하살이 여의마니공덕장을 성취하여 필요한 바를 따라서 일체 즐길 거리를 모두 다 얻게 되는 까닭이고, 다니는 곳을 따라서 일체 국토를 다 깨끗이 장엄하며, 가는 곳을 따라서 불가설불가설 수의 중생으로 하여금 다 청정하게 하니, 복덕을 거두어들여 모든 행을 닦아 다스리는 까닭입니다.

佛子 菩薩摩訶薩 如是廻向時 修一切菩薩行 福德殊勝 色相無比 威力光明 超諸世間 魔及魔民 莫能瞻對 善根具足 大願成就 其心彌廣 等一切智 於一念中 悉能周徧無量佛刹 智力無量 了達一切諸佛境界 於一切佛 得深信解 住無邊智 菩提心力 廣大如法界 究竟如虛空 佛子 是名菩薩摩訶薩 第五無盡功德藏廻向 菩薩摩訶薩 住此廻向 得十種無盡藏 何等 爲十

불자들이여, 보살마하살이 이와 같이 회향할 때에 일체 보살행을 닦아서 복덕이 수승하고 색상이 비할 데 없으며, 위력과 광명이 모든 세간을 초월하여서 마군과 마군의 백성이 맞서서 쳐다볼 수 없습니다.

선근을 구족하고 대원을 성취한 그 마음이 더욱 광대하여 일체 지혜와 평등하고, 온통인 생각 가운데에 한량없는 부처님세계에 두루 가득하며, 지혜의 힘이 한량없어서 일체 부처님의 경계를 밝게 통달하고, 일체 부처님께 깊이 믿는 지혜를 얻어 가없는 지혜에 머물러서, 보리심의 힘이 법계와 같이 광대하고 구경에 허공과 같습니다.

불자들이여, 이것을 보살마하살의 다섯째 다함이 없는 공덕장회향이라 이름합니다.

보살마하살이 이 회향에 머무르면 열 가지 다함이 없는 보배장을 얻으니, 어떤 것을 열 가지라 합니까?

所謂得見佛無盡藏 於一毛孔 見阿僧祇諸佛 出興世故 得
入法無盡藏 以佛智力 觀一切法 悉入一法故 得憶持無盡
藏 受持一切佛所說法 無忘失故 得決定慧無盡藏 善知一
切佛所說法秘密方便故 得解義趣無盡藏 善知諸法理趣分
齊故 得無邊悟解無盡藏 以如虛空智 通達三世一切法故
得福德無盡藏 充滿一切諸眾生意

부처님을 친견함에 다함이 없는 보배장을 얻는 것은 한 털구멍에서 아승기 수의 모든 부처님께서 세간에 출현하심을 친견하는 까닭이고, 법에 들어감에 다함이 없는 보배장을 얻는 것은 부처님 지혜의 힘으로써 일체 법이 다 온통인 법에 들어감을 관하는 까닭이며, 기억하여 지님에 다함이 없는 보배장을 얻는 것은 일체 부처님의 설법하신 바를 받아 지녀서 잊어버림이 없는 까닭이고, 결정한 지혜의 다함이 없는 보배장을 얻는 것은 일체 부처님께서 설하신 법과 비밀한 방편을 잘 아는 까닭이며, 뜻의 취지를 앎에 다함이 없는 보배장을 얻는 것은 모든 법의 이치와 차별을 잘 아는 까닭이고, 가없이 깨달아 앎에 다함이 없는 보배장을 얻는 것은 허공 같은 지혜로써 삼세의 일체 법을 통달하는 까닭이며, 복덕의 다함이 없는 보배장을 얻는 것은 일체 모든 중생의 뜻을 충만하게 함이

不可盡故 得勇猛智覺無盡藏 悉能除滅一切衆生 愚癡翳
故 得決定辯才無盡藏 演說一切佛平等法 令諸衆生 悉解
了故 得十力無畏無盡藏 具足一切菩薩所行 以離垢繒 而
繫其頂 至無障礙一切智故 是爲十 佛子 菩薩摩訶薩 以一
切善根廻向時 得此十種無盡藏

다함이 없는 까닭이고, 용맹한 지혜로 깨달음에 다함이 없는 보배장을 얻는 것은 일체 중생의 어리석음의 가리움을 다 멸하여 없애는 까닭이며, 결정한 변재의 다함이 없는 보배장을 얻는 것은 일체 부처님의 평등한 법을 널리 펴 설하여 모든 중생으로 하여금 다 분명히 알게 하는 까닭이고, 십력과 두려움 없음에 다함이 없는 보배장을 얻는 것은 일체 보살의 행한 바를 구족하여 때를 여읜 비단을 그 이마에 매고 장애가 없는 일체 지혜에 이르는 까닭이니, 이것을 열 가지라 합니다.

불자들이여, 보살마하살이 일체 선근으로써 회향할 때에 이 열 가지 다함이 없는 보배장을 얻습니다.”

爾時 金剛幢菩薩 承佛神力 普觀十方 而說頌言

菩薩成就深心力
普於諸法得自在
以其勸請隨喜福
無礙方便善廻向

三世所有諸如來
嚴淨佛刹徧世間
所有功德靡不具
廻向淨刹亦如是

이때 금강당보살이 부처님의 위신력을 받아서 널리 시방을 관하고 게송으로 말하였다.

보살이 깊은 마음의 힘을 성취하여
널리 모든 법에 자재함을 얻고
권청하고 따라서 기뻐한 복으로써
걸림 없는 방편으로 잘 회향하네

삼세에 계시는 모든 여래께서
부처님세계를 청정하게 장엄하여 세간에 두루하고
모든 공덕을 갖추지 않음이 없으시니
깨끗한 세계에 회향함도 또한 이와 같네

三世所有諸佛法
菩薩皆悉諦思惟
以心攝取無有餘
如是莊嚴諸佛刹

盡於三世所有劫
讚一佛刹諸功德
三世諸劫猶可盡
佛刹功德無窮盡

如是一切諸佛刹
菩薩悉見無有餘
總以莊嚴一佛土
一切佛土悉如是

삼세의 모든 불법을
보살이 모두 다 자세히 사유하고
마음으로 남음이 없이 거두어들여
이와 같이 모든 부처님세계를 장엄하네

삼세의 모든 겁이 다하도록
한 부처님세계의 모든 공덕을 찬탄함이여
삼세의 모든 겁은 오히려 다하지만
부처님세계의 공덕은 다함이 없네

이와 같은 일체 모든 부처님세계를
보살이 남음이 없이 다 보고
한 불토를 모두 장엄하면
일체 불토도 다 이와 같네

有諸佛子心淸淨
悉從如來法化生
一切功德莊嚴心
一切佛刹皆充滿

彼諸菩薩悉具足
無量相好莊嚴身
辯才演說徧世間
譬如大海無窮盡

菩薩安住諸三昧
一切所行皆具足
其心淸淨無與等
光明普照十方界

모든 불자가 마음이 청정하여
모두 여래의 법으로 화하여 생겨서
일체 공덕으로 장엄한 마음이
일체 부처님세계에 다 충만하네

저 모든 보살이
한량없는 상호로 장엄한 몸을 다 구족하고
변재로 널리 펴 설함이 세간에 두루하니
비유하면 큰 바다가 다함이 없음과 같네

보살이 모든 삼매에 편히 머물러
일체의 행할 바를 다 구족하고
그 마음이 청정하여 같을 것 없음이여
광명으로 시방세계를 두루 비추네

如是無餘諸佛刹
此諸菩薩皆充滿
未曾憶念聲聞乘
亦復不求緣覺道

菩薩如是心清淨
善根廻向諸群生
普欲令其成正道
具足了知諸佛法

十方所有眾魔怨
菩薩威力悉摧破
勇猛智慧無能勝
決定修行究竟法

이와 같이 남음이 없는 모든 부처님세계에
가득한 이 모든 보살은
일찍이 성문법을 생각한 적도 없고
또한 연각의 도를 구한 적도 없다네

보살이 이러-히 마음이 청정하여
선근으로 모든 중생에게 회향하면
그들은 바른 도를 널리 이루고
모든 불법을 밝게 알아 구족하네

시방의 온갖 마군과 원수를
보살의 위력으로 다 꺾어 부수어
용맹한 지혜를 이길 자가 없으니
결정코 구경의 법을 닦아 행하네

菩薩以此大願力
所有廻向無有礙
入於無盡功德藏
去來現在常無盡

菩薩善觀諸行法
了達其性不自在
旣知諸法性如是
不妄取業及果報

無有色法無色法
亦無有想無無想
有法無法皆悉無
了知一切無所得

보살이 이와 같은 큰 원력으로
걸림 없이 모두 회향하여
다함이 없는 공덕장에 들어가니
과거와 미래와 현재에 늘 다함이 없네

보살이 모든 행하는 법을 잘 관하여
그 성품이 자재하지 못함을 밝게 통달하니
이미 모든 법성이 이러-함을 알아
망령되게 업과 과보를 취하지 않네

색이 있는 법도 색이 없는 법도 없고
또한 생각이 있는 것도 생각이 없는 것도 없으며
있는 법도 없는 법도 모두 다 없어서
일체가 얻을 바 없음을 밝게 아네

一切諸法因緣生
體性非有亦非無
而於因緣及所起
畢竟於中無取着

一切衆生語言處
於中畢竟無所得
了知名相皆分別
明解諸法悉無我

如衆生性本寂滅
如是了知一切法
三世所攝無有餘
刹及諸業皆平等

일체 모든 법은 인연으로 나는지라
성품의 몸은 있는 것도 아니요 또한 없는 것도 아니어서
인연과 일어나는 바에
그 가운데 끝내 취하여 집착할 것 없다네

일체 중생의 말을 하는 곳
그 가운데에는 끝내 얻을 것이 없고
이름과 모양이 다 분별임을 밝게 알아서
모든 법이 다 나라 할 것이 없음을 분명하게 아네

중생의 성품이 본래 적멸하듯
이와 같이 일체 법을 밝게 알아서
삼세에 남음이 없이 거두니
세계와 모든 업까지도 다 평등하네

以如是智而廻向
隨其悟解福業生
此諸福相亦如解
豈復於中有可得

如是廻向心無垢
永不稱量諸法性
了達其性皆非性
不住世間亦不出

一切所行衆善業
悉以廻向諸群生
莫不了達其眞性
所有分別皆除遣

이러한 지혜로써 회향하여
그 깨달아 앎에 따라 복업이 생기나
이 모든 복의 상도 또한 깨달음과 같거늘
어찌 다시 그 가운데 얻을 것이 있겠는가

이와 같이 회향하면 마음에 때가 없어져서
영원히 모든 법성을 헤아리지 않게 되니
그 성품은 다 성품이라고 할 수도 없음을 밝게 통달하면
세간에 머물지도 않고 또한 벗어나지도 않네

일체 행한 온갖 착한 업을
모든 중생에게 다 회향함으로써
그 참 성품을 밝게 통달하여
모든 분별을 다 없애 버리네

所有一切虛妄見
悉皆棄捨無有餘
離諸熱惱恒清涼
住於解脫無礙地

菩薩不壞一切法
亦不滅壞諸法性
解了諸法猶如響
悉於一切無所着

了知三世諸衆生
悉從因緣和合起
亦知心樂及習氣
未曾滅壞一切法

일체 허망한 소견을
모두 다 버려서 남음이 없으면
모든 뜨거운 번뇌를 여의어 항상 청량하니
걸림 없는 해탈의 경지에 머문다네

보살은 일체 법을 무너뜨리지 않고
또한 모든 법성을 멸하여 무너뜨리지도 않으며
모든 법이 마치 메아리와 같은 줄을 분명히 알아
일체에 다 집착하는 바가 없다네

삼세의 모든 중생이
모두 인연의 화합으로 일어남을 밝게 알고
또한 마음의 즐거움까지도 익힌 기운임을 알면
일찍이 일체 법은 멸할 것도 무너질 것도 없다네

了達業性非是業
而亦不違諸法相
又亦不壞業果報
說諸法性從緣起

了知衆生無有生
亦無衆生可流轉
無實衆生而可說
但依世俗假宣示

성품에는 업이라는 것이 없는 것이 업임을 밝게 통달하여서
모든 법의 상을 어길 것도 없고
업의 과보를 무너뜨릴 것도 없으며
모든 법의 성품이라는 것은 인연으로 일어난 것일 뿐이라 설하네

중생이 난 적도 없고
또한 중생이 윤회한 적도 없음을 밝게 알아서
진실로 중생이라 설할 것도 없지만
다만 세속을 따라 거짓으로 널리 베풀어 보이네

佛子 云何爲菩薩摩訶薩 隨順堅固一切善根廻向 佛子 此
菩薩摩訶薩 或爲帝王 臨御大國 威德廣被 名震天下 凡諸
怨敵 靡不歸順 發號施令 悉依正法 執持一蓋 溥蔭萬方
周行率土 所向無礙 以離垢繒 而繫其頂 於法自在 見者 咸
服 不刑不罰 感德從化 以四攝法 攝諸衆生 爲轉輪王 一
切周給

6) 제6 견고한 일체 선근을 따르는 회향 ①
(隨順堅固一切善根廻向)

"불자들이여, 어떤 것을 보살마하살의 견고한 일체 선근을 따르는 회향이라 합니까?

불자들이여, 이 보살마하살이 혹은 제왕이 되어서 큰 나라를 다스리면 위덕이 널리 미치고, 이름을 천하에 떨치며, 모든 원수와 적들이 돌아와 순종하지 않음이 없고, 명령을 내릴 적에는 다 바른 법에 의지하게 될 것입니다.

한 일산을 들고 널리 만방을 덮어서 거느리는 국토에 두루 다녀도 향하는 곳마다 걸림이 없고, 때를 여읜 비단을 그 이마에 매어 법에 자재하여 보는 이가 다 복종하며, 형벌을 내리지 않아도 덕에 감복해 교화를 따르고, 사섭법으로써 모든 중생을 거두는 전륜왕이 되어서 일체에 두루 미칩니다.

菩薩摩訶薩 安住如是自在功德 有大眷屬 不可沮壞 離衆
過失 見者無厭 福德莊嚴 相好圓滿 形體支分 均調具足
獲那羅延堅固之身 大力成就 無能屈伏 得淸淨業 離諸業
障 具足修行一切布施 或施飮食 及諸上味 或施車乘 或施
衣服 或施華鬘 雜香塗香 牀座房舍 及所住處 上妙燈燭
病緣湯藥 寶器寶車 調良象馬 悉皆嚴飾 歡喜布施 或有來
乞王所處座 若蓋若傘 幢幡寶物 諸莊嚴具 頂上寶冠 髻中
明珠 乃至王位 皆無所悋

보살마하살이 이와 같은 자재한 공덕에 편히 머물러 큰 권속이 있어서 무너뜨릴 수 없고, 온갖 허물을 여의어 보는 자들이 싫어함이 없으며, 복덕으로 장엄하여 상호가 원만하고, 형체와 손발을 고르게 갖추어 나라연*의 견고한 몸을 얻으며, 큰 힘을 성취하여 굴복함이 없고, 청정한 업을 얻어 모든 업장을 여의었습니다.

일체 보시를 구족하게 닦아 행하니 혹은 음식과 모든 좋은 맛을 보시하고, 혹은 수레를 보시하며, 혹은 의복을 보시하고, 혹은 화만을 보시하며, 여러 가지 향과 바르는 향과 평상과 방사와 머무는 곳과 훌륭한 등촉과 병에 쓰는 탕약과 보배 그릇과 보배 수레와 잘 길들인 코끼리와 말을 다 화려하게 장식하여 기쁨으로 보시합니다.

혹은 어떤 이가 와서 왕이 머무는 자리와 덮개와 일산과 당기와 번기와 보물과 모든 장엄구와 머리 위의 보배관과 상투 가운데의 밝은 구슬과 심지어 왕위를 구걸하더라도 모두 아끼는 바가 없습니다.

若見衆生 在牢獄中 捨諸財寶 妻子眷屬 乃至以身 救彼令
脫 若見獄囚 將欲被戮 卽捨其身 以代彼命 或見來乞連膚
頂髮 歡喜施與 亦無所恪 眼耳鼻舌 及以牙齒 頭頂手足 血
肉骨髓 心腎肝肺 大腸小腸 厚皮薄皮 手足諸指 連肉爪甲
以歡喜心 盡皆施與 或爲求請未曾有法 投身而下深大火坑
或爲護持如來正法 以身忍受一切苦毒 或爲求法

만약 중생이 감옥에 있는 것을 보면 모든 재물과 보배와 처자와 권속과 심지어 몸까지라도 버려서 저들을 구해 벗어나게 하고, 만약 감옥의 죄인이 장차 죽게 되는 것을 보면 곧 그 몸을 버려서 목숨을 대신하며, 혹은 살갗이 붙어있는 머리카락을 구걸하는 것을 볼지라도 기쁘게 보시하고 또한 아끼는 바가 없습니다.

눈과 귀와 코와 혀와 치아와 머리와 이마와 손과 발과 피와 살과 뼈와 골수와 심장과 콩팥과 간과 폐와 대장과 소장과 두꺼운 가죽과 얇은 가죽과 손가락과 발가락과 살에 붙은 손톱과 발톱까지라도 기쁜 마음으로 모두 다 보시합니다.

혹은 지금까지 일찍이 한번도 없던 법을 구하기 위하여 깊고 큰 불구덩이에 몸을 던져 떨어지며, 혹은 여래의 정법을 보호하고 지니기 위하여 몸으로써 일체의 괴로움과 독일지라도 참고 받으며, 혹은 법을 구하여

乃至一字 悉能徧捨四海之內一切所有 恒以正法 化導群生
令修善行 捨離諸惡 若見衆生 損敗他形 慈心救之 令捨罪
業 若見如來 成最正覺 稱揚讚歎 普使聞知 或施於地 造
立僧坊 房舍殿堂 以爲住處 及施僮僕 供承作役 或以自身
施來乞者 或施於佛 爲求法故 歡喜踊躍 爲衆生故 承事供
養 或捨王位 城邑聚落 宮殿園林 妻子眷屬 隨所乞求 悉滿
其願 或捨一切資生之物 普設無遮大施之會

심지어 한 글자를 위해서라도 사해(四海)* 안에 있는 일체의 소유를 모두 버리고, 항상 바른 법으로 중생들을 교화하고 인도하여 선행을 닦고 모든 악을 여의어 버리게 합니다.

만약 중생이 다른 사람의 몸을 해치는 것을 보면 자비심으로 구제하여 죄업을 버리게 하고, 만약 여래께서 최정각을 이루시는 것을 보면 칭찬하고 찬탄하여 널리 들어서 알게 하며, 혹은 땅을 보시하여 절과 방사와 전당을 지어서 거처하게 하고, 심부름하는 사람을 보시하여 받들고 섬기게 하며, 혹은 자신의 몸을 구걸하러 온 자에게 보시하거나 혹은 부처님께 보시하기도 하고, 법을 구하기 위하여 뛸 듯이 기뻐하고 중생을 받들어 섬기고 공양하며, 혹은 왕위와 도성과 고을과 마을과 궁전과 동산 숲과 처자와 권속까지 보시하여 구걸하는 바를 따라서 그 원을 다 만족하게 하고, 혹은 일체 생활에 필요한 물건을 보시하여 널리 무차대회*로 베풉니다.

其中衆生 種種福田 或從遠來 或從近來 或賢或愚 或好或醜 若男若女 人與非人 心行 不同 所求 各異 等皆施與 悉令滿足 佛子 菩薩摩訶薩 如是施時 發善攝心 悉以廻向 所謂善攝色 隨順堅固一切善根 善攝受想行識 隨順堅固一切善根 善攝王位 隨順堅固一切善根 善攝眷屬 隨順堅固一切善根 善攝資具 隨順堅固一切善根 善攝惠施 隨順堅固一切善根

그 가운데 중생들의 갖가지 복밭이 혹은 먼 데서 오거나 혹은 가까운 데서 오거나, 혹은 어질거나 혹은 어리석거나, 혹은 아름답거나 혹은 추하거나, 또 남자이거나 또 여자이거나, 사람이거나 사람 아닌 것이거나, 마음과 행이 같지 않고 구하는 바가 각각 다를지라도 평등하게 다 보시하여 주어 모두를 만족하게 합니다.

불자들이여, 보살마하살이 이와 같이 보시할 때에 잘 거두는 마음을 발하여 다 회향하니, 색을 잘 거두어 견고한 일체 선근을 따르고, 수·상·행·식을 잘 거두어 견고한 일체 선근을 따르며, 왕위를 잘 거두어 견고한 일체 선근을 따르고, 권속을 잘 거두어 견고한 일체 선근을 따르며, 살림살이를 잘 거두어 견고한 일체 선근을 따르고, 은혜 베푸는 것을 잘 거두어 견고한 일체 선근을 따릅니다.

佛子 菩薩摩訶薩 隨所施物 無量無邊 以彼善根 如是廻向
所謂以上妙食 施衆生時 其心淸淨 於所施物 無貪無着 無
所顧悋 具足行施 願一切衆生 得智慧食 心無障礙 了知食
性 無所貪着 但樂法喜出離之食 智慧充滿 以法堅住 攝取
善根 法身智身 淸淨遊行 哀愍衆生 爲作福田 現受搏食
是爲菩薩摩訶薩 布施食時 善根廻向

불자들이여, 보살마하살이 보시하는 물건이 한량없고 가없음을 따라 저 선근으로써 이와 같이 회향하니, 가장 훌륭한 음식으로 중생에게 보시할 때에 그 마음이 청정하여 보시하는 물건에 탐함이 없고 집착함도 없으며 인색한 생각이 없어서 구족하게 보시를 행합니다.

'일체 중생이 지혜의 음식을 얻어 마음에 장애됨이 없고, 음식의 성품이 탐착할 바가 없음을 밝게 알아 다만 음식을 여의어 법에 대한 기쁨으로 즐거워하며, 지혜가 충만하여 법으로 견고히 머물러 선근을 거두어들이고, 법신과 지혜의 몸이 청정하여 마음대로 다니며, 중생들을 불쌍히 여겨서 복밭을 짓기 위해 단식(摶食)*을 받기를 서원하나이다.'라고 합니다.

이것을 보살마하살이 음식을 보시할 때 선근으로 회향하는 것이라 합니다.

佛子 菩薩摩訶薩 若施飲時 以此善根 如是廻向 所謂願一
切衆生 飲法味水 精勤修習 具菩薩道 斷世渴愛 常求佛智
離欲境界 得法喜樂 從淸淨法 而生其身 常以三昧 調攝其
心 入智慧海 興大法雲 霔大法雨 是爲菩薩摩訶薩 布施飲
時 善根廻向 佛子 菩薩摩訶薩 布施種種淸淨上味 所謂辛
酸鹹淡 及以甘苦 種種諸味 潤澤具足 能令四大 安隱調和
肌體盈滿 氣力彊壯 其心淸淨 常得歡喜 咽咀之時 不欬不
逆 諸根明利 內藏充實

불자들이여, 보살마하살이 만약 마시는 것을 보시할 때에 이 선근으로써 이와 같이 회향하기를 '일체 중생이 법맛의 물을 마시고 부지런히 닦아 익혀 보살도를 갖추며, 세상의 목마른 애욕을 끊고 항상 부처님의 지혜를 구하며, 욕심의 경계를 여의고 법의 즐거움을 얻으며, 청정한 법에서 그 몸이 생기고 항상 삼매로써 그 마음을 고르게 다스리며, 지혜의 바다에 들어가 큰 법구름을 일으켜 큰 법의 비가 내려지기를 서원하나이다.'라고 합니다.

이것을 보살마하살이 마시는 것을 보시할 때 선근으로 회향하는 것이라 합니다.

불자들이여, 보살마하살이 갖가지 청정하고 가장 좋은 맛으로 보시하니, 맵고 시고 짜고 싱겁고 달고 쓴 갖가지 모든 맛이어서, 윤택함을 구족하여 사대가 편안하고 조화롭고, 몸이 풍만하여 기력이 강장하며, 그 마음이 청정하여 항상 환희하고, 씹어서 삼킬 때에도 기침이 나거나 구역질이 나지 않으며, 모든 근이 밝고 이로워 내장이 충실하여

毒不能侵 病不能傷 始終無患 永得安樂 以此善根 如是廻
向 所謂願一切衆生 得最上味 甘露充滿 願一切衆生 得法
智味 了知一切諸味業用 願一切衆生 得無量法味 了達法
界 安住實際大法城中 願一切衆生 作大法雲 周徧法界 普
雨法雨 敎化調伏一切衆生 願一切衆生 得勝智味 無上法
喜 充滿身心 願一切衆生 得無貪着一切上味 不染世間一
切諸味 常勤修習一切佛法 願一切衆生 得一法味 了諸佛
法 悉無差別

독이 침범하지 않아 병에 상하지 않으며, 처음부터 끝까지 근심이 없어서 영원히 안락을 얻게 합니다.

이 선근으로써 이와 같이 회향하기를 '일체 중생이 가장 좋은 맛을 얻어서 감로가 충만하기를 서원하고, 일체 중생이 법과 지혜의 맛을 얻어서 일체 모든 맛의 업작용을 밝게 알게 되기를 서원하며, 일체 중생이 한량없는 법맛을 얻어서 법계를 밝게 통달하여 실제(實際)인 큰 법의 성(城) 가운데에 편히 머물기를 서원하고, 일체 중생이 큰 법구름이 되어서 법계에 두루 가득하여 널리 법비를 내려 일체 중생을 조복시키고 교화하기를 서원하며, 일체 중생이 뛰어난 지혜의 맛을 얻어서 위 없는 법의 즐거움이 몸과 마음에 충만하기를 서원하고, 일체 중생이 탐착함이 없는 일체 가장 좋은 맛을 얻어서 세간의 일체 모든 맛에 물들지 않고 항상 일체 불법을 부지런히 닦아 익히기를 서원하며, 일체 중생이 온통인 법맛을 얻어서 모든 불법이 다 차별 없음을 깨닫기를 서원하고,

願一切衆生 得最勝味 乘一切智 終無退轉 願一切衆生 得
入諸佛無異法味 悉能分別一切諸根 願一切衆生 法味增
益 常得滿足無礙佛法 是爲菩薩摩訶薩 布施味時 善根廻
向 爲令一切衆生 勤修福德 皆悉具足無礙智身故 佛子 菩
薩摩訶薩 施車乘時 以諸善根 如是廻向 所謂願一切衆生
皆得具足一切智乘 乘於大乘 不可壞乘

일체 중생이 가장 뛰어난 맛을 얻어서 일체 지혜에 의지하여 끝내 퇴전하지 않기를 서원하며, 일체 중생이 모든 부처님의 다름이 없는 법맛에 들어가서 일체 모든 근을 능히 분별하기를 서원하고, 일체 중생이 법맛이 증장하여 걸림 없는 불법을 항상 원만히 구족하기를 서원하나이다.'라고 합니다.

이것을 보살마하살이 맛을 보시할 때 선근으로 회향하는 것이라 하니, 일체 중생으로 하여금 부지런히 복덕을 닦아서 걸림 없는 지혜의 몸을 모두 다 구족하게 하려는 까닭입니다.

불자들이여, 보살마하살이 수레를 보시할 때에 모든 선근으로써 이와 같이 회향하기를 '일체 중생이 일체 지혜의 수레를 구족하여서 큰 수레와 무너뜨릴 수 없는 수레와

最勝乘 最上乘 速疾乘 大力乘 福德具足乘 出世間乘 出生無量諸菩薩乘 是爲菩薩摩訶薩 施車乘時 善根廻向 佛子 菩薩摩訶薩 布施衣時 以諸善根 如是廻向 所謂願一切衆生 得慚愧衣 以覆其身 捨離邪道 露形惡法 顔色潤澤 皮膚細軟 成就諸佛第一之樂 得最淸淨一切種智 是爲菩薩摩訶薩 布施衣時 善根廻向

가장 뛰어난 수레와 최상의 수레와 빠르고 빠른 수레와 큰 힘의 수레와 복덕이 구족한 수레와 출세간의 수레와 한량없는 모든 보살을 내는〔生〕수레에 오르기를 서원하나이다.'라고 합니다.

이것을 보살마하살이 수레를 보시할 때 선근으로 회향하는 것이라 합니다.

불자들이여, 보살마하살이 옷으로 보시할 때에 모든 선근으로써 이와 같이 회향하기를 '일체 중생이 부끄러움의 옷을 얻어 그 몸을 덮어서 삿된 도와 악한 법의 실체를 드러내 여의어 버리고, 얼굴빛이 윤택하고 피부가 섬세하고 부드러워 모든 부처님의 제일의 낙을 성취하며, 가장 청정한 일체종지를 얻기를 서원하나이다.'라고 합니다.

이것을 보살마하살이 옷을 보시할 때 선근으로 회향하는 것이라 합니다.

佛子 菩薩摩訶薩 常以種種名華 布施 所謂微妙香華 種種
色華 無量奇妙華 善見華 可喜樂華 一切時華 天華 人華
世所珍愛華 甚芬馥悅意華 以如是等無量妙華 供養一切
現在諸佛 及佛滅後所有塔廟 或以供養說法之人 或以供養
比丘僧寶 一切菩薩 諸善知識 聲聞獨覺 父母宗親 下至自
身 及餘一切貧窮孤露 布施之時 以諸善根 如是廻向 所謂
願一切衆生 皆得諸佛三昧之華

불자들이여, 보살마하살이 항상 갖가지 훌륭한 꽃으로
써 보시하니, 미묘하고 향기로운 꽃과 갖가지 색의 꽃과
한량없이 기묘한 꽃과 보기 좋은 꽃과 기쁘고 즐거운 꽃
과 일체 때에 피는 꽃과 천상의 꽃과 인간의 꽃과 세간
의 진귀하고 사랑스러운 꽃과 심히 향기로워 뜻을 즐겁
게 하는 꽃으로 합니다.

이와 같은 등의 한량없이 묘한 꽃으로 현재의 일체 모
든 부처님과 부처님께서 열반하신 뒤 탑묘에 공양 올리
고, 혹은 설법하는 사람에게 공양 올리며, 혹은 비구승
보에게 공양 올립니다.

일체 보살과 모든 선지식과 성문과 독각과 부모와 종
친과 아래로는 자신과 더불어 그 밖에 일체 빈궁하고 외
로운 이에게 보시할 때 모든 선근으로써 이와 같이 회
향하기를 '일체 중생이 모든 부처님의 삼매의 꽃을 얻어

悉能開敷一切諸法 願一切衆生 皆得如佛 見者歡喜 心無
厭足 願一切衆生 所見順恢 心無動亂 願一切衆生 具行廣
大淸淨之業 願一切衆生 常念善友 心無變異 願一切衆生
如阿伽陀藥 能除一切煩惱衆毒 願一切衆生 成滿大願 皆
悉得爲無上智王 願一切衆生 智慧日光 破愚癡暗 願一切衆
生 菩提淨月 增長滿足 願一切衆生 入大寶洲 見善知識 具
足成就一切善根

일체 모든 법을 다 열어 펴기를 서원하고, 일체 중생이 모두 부처님과 같아서 보는 이가 환희하여 마음에 싫어 하고 싫증냄이 없기를 서원하며, 일체 중생의 소견이 도리를 따르므로 마음이 움직이거나 어지러움이 없기를 서원하고, 일체 중생이 광대하고 청정한 업을 갖추어 행하기를 서원하며, 일체 중생이 항상 착한 벗을 생각하여 마음이 변하거나 달라짐이 없기를 서원하고, 일체 중생이 아가타 약과 같이 일체 번뇌의 온갖 독을 없애기를 서원하며, 일체 중생이 대원을 원만하게 이루어 모두 위없는 지혜의 왕이 되기를 서원하고, 일체 중생이 지혜의 햇빛으로 어리석음의 어두움을 깨뜨리기를 서원하며, 일체 중생이 보리의 청정한 달이 더욱 더하여 원만히 구족하기를 서원하며, 일체 중생이 큰 보물섬에 들어가 선지식을 친견하고 일체 선근을 갖추어 성취하기를 서원하나이다.'라고 합니다.

是爲菩薩摩訶薩 布施華時 善根廻向 爲令衆生 皆得清淨無
礙智故 佛子 菩薩摩訶薩 布施鬘時 以諸善根 如是廻向 所
謂願一切衆生 人所樂見 見者欽歎 見者親善 見者愛樂 見
者渴仰 見者除憂 見者生喜 見者離惡 見者常得親近於佛
見者清淨 獲一切智 是爲菩薩摩訶薩 布施鬘時 善根廻向

이것을 보살마하살이 꽃을 보시할 때 선근으로 회향하는 것이라 하니, 중생들로 하여금 다 청정하고 걸림 없는 지혜를 얻게 하려는 까닭입니다.

불자들이여, 보살마하살이 화만을 보시할 때에 모든 선근으로써 이와 같이 회향하기를 '일체 중생을 사람들이 보기를 좋아하여서 보는 이가 공경하고 찬탄하며, 보는 이가 친하고 사이가 좋으며, 보는 이가 좋아하고 즐거워하며, 보는 이가 우러러 존경하며, 보는 이가 근심이 없어지며, 보는 이가 기뻐함을 내며, 보는 이가 악함을 여의며, 보는 이가 항상 부처님을 친근하며, 보는 이가 청정하여 일체 지혜를 얻기를 서원하나이다.'라고 합니다.

이것을 보살마하살이 화만을 보시할 때 선근으로 회향하는 것이라 합니다.

佛子 菩薩摩訶薩 布施香時 以諸善根 如是廻向 願一切衆生 具足戒香 得不缺戒 不雜戒 不汚戒 無悔戒 離纏戒 無熱戒 無犯戒 無邊戒 出世戒 菩薩波羅蜜戒 願一切衆生 以是戒故 皆得成就諸佛戒身 是爲菩薩摩訶薩 布施香時 善根廻向 爲令衆生 悉得圓滿無礙戒蘊故 佛子 菩薩摩訶薩 施塗香時 以諸善根 如是廻向 所謂願一切衆生 施香普熏 悉能惠捨一切所有 願一切衆生 戒香普熏 得於如來究竟淨戒

불자들이여, 보살마하살이 향을 보시할 때에 모든 선근으로써 이와 같이 회향하기를 '일체 중생이 계향을 구족하니 부족하지 않은 계와 잡되지 않은 계와 더럽히지 않은 계와 후회함이 없는 계와 얽힘을 여읜 계와 흥분함이 없는 계와 범함이 없는 계와 가없는 계와 세간을 벗어난 계와 보살의 바라밀 계를 얻고, 일체 중생이 이 계로 말미암아 다 모든 부처님의 계의 몸〔戒身〕을 성취하기를 서원하나이다.'라고 합니다.

이것을 보살마하살이 향을 보시할 때 선근으로 회향하는 것이라 하니, 중생들로 하여금 원만하고 걸림 없는 계온(戒蘊)*을 다 얻게 하려는 까닭입니다.

불자들이여, 보살마하살이 바르는 향을 보시할 때에 모든 선근으로써 이와 같이 회향하기를 '일체 중생에게 보시하는 향이 널리 스며들어 일체 소유한 것을 모두 은혜롭게 베풀기를 서원하고, 일체 중생에게 계의 향이 널리 스며들어 여래의 구경까지 청정한 계를 얻기를 서원하며,

願一切衆生 忍香普熏 離於一切險害之心 願一切衆生 精進香普熏 常服大乘精進甲冑 願一切衆生 定香普熏 安住諸佛現前三昧 願一切衆生 慧香普熏 一念得成無上智王 願一切衆生 法香普熏 於無上法 得無所畏 願一切衆生 德香普熏 成就一切大功德智 願一切衆生 菩提香普熏 得佛十力 到於彼岸 願一切衆生 淸淨白法妙香普熏 永滅一切不善之法

일체 중생에게 참는 향이 널리 스며들어 일체 험악하고 해로운 마음을 여의기를 서원하고, 일체 중생에게 정진하는 향이 널리 스며들어 항상 대승의 정진하는 갑옷과 투구를 입기를 서원하며, 일체 중생에게 선정의 향이 널리 스며들어 모든 부처님께서 목전에 나타나는 삼매에 편히 머물기를 서원하고, 일체 중생에게 지혜의 향이 널리 스며들어 온통인 생각에 위 없는 지혜의 왕을 이루기를 서원하며, 일체 중생에게 법의 향이 널리 스며들어 위 없는 법에 두려움 없기를 서원하고, 일체 중생에게 덕의 향이 널리 스며들어 일체 큰 공덕의 지혜를 성취하기를 서원하며, 일체 중생에게 보리의 향이 널리 스며들어 부처님의 십력을 얻어 저 언덕에 이르기를 서원하고, 일체 중생에게 청정하고 밝은 법의 묘한 향이 널리 스며들어 일체 착하지 못한 법을 영원히 없애기를 서원하나이다.'라고 합니다.

是爲菩薩摩訶薩 施塗香時 善根廻向 佛子 菩薩摩訶薩 施
床座時 以諸善根 如是廻向 所謂願一切衆生 得諸天床座
證大智慧 願一切衆生 得賢聖床座 捨凡夫意 住菩提心 願
一切衆生 得安樂床座 永離一切生死苦惱 願一切衆生 得
究竟床座 得見諸佛自在神通 願一切衆生 得平等床座 恒
普熏修一切善法 願一切衆生 得最勝床座 具淸淨業 世無
與等 願一切衆生 得安隱床座 證眞實法 具足究竟 願一切
衆生 得淸淨床座 修習如來淨智境界

이것을 보살마하살이 바르는 향을 보시할 때 선근으로 회향하는 것이라 합니다.

불자들이여, 보살마하살이 평상을 보시할 때에 모든 선근으로써 이와 같이 회향하기를 '일체 중생이 모든 천상의 평상을 얻어서 큰 지혜를 증득하기를 서원하고, 일체 중생이 성현의 평상을 얻어서 범부의 뜻을 버리고 보리심에 머물기를 서원하며, 일체 중생이 안락한 평상을 얻어서 일체 생사의 고뇌를 영원히 여의기를 서원하고, 일체 중생이 구경의 평상을 얻어서 모든 부처님의 자재한 신통을 보기를 서원하며, 일체 중생이 평등한 평상을 얻어서 일체 착한 법이 항상 스며들어 널리 닦기를 서원하고, 일체 중생이 가장 뛰어난 평상을 얻어서 청정한 업을 갖추어 세상에 같을 것이 없기를 서원하며, 일체 중생이 편안한 평상을 얻어서 참답고 실다운 법을 증득하여 구경까지 구족하기를 서원하고, 일체 중생이 청정한 평상을 얻어서 여래의 청정한 지혜의 경계를 닦아 익히기를 서원하며,

願一切衆生 得安住床座 得善知識 常隨覆護 願一切衆生
得師子床座 常如如來右脅而臥 是爲菩薩摩訶薩 施床座時
善根廻向 爲令衆生 修習正念 善護諸根故 佛子 菩薩摩訶
薩 施房舍時 以諸善根 如是廻向 所謂願一切衆生 皆得安
住淸淨佛刹 精勤修習一切功德 安住甚深三昧境界 捨離
一切住處執着 了諸住處 皆無所有 離諸世間

일체 중생이 편안히 머무는 평상을 얻어서 선지식이 항상 따라 보호하여 주기를 서원하고, 일체 중생이 사자좌 평상을 얻어서 항상 여래와 같이 오른쪽 겨드랑이를 대고 눕기를 서원하나이다.'라고 합니다.

이것을 보살마하살이 평상을 보시할 때 선근으로 회향하는 것이라 하니, 중생들로 하여금 바른 생각을 닦아 익혀서 모든 근을 잘 보호하려는 까닭입니다.

불자들이여, 보살마하살이 방사를 보시할 때에 모든 선근으로써 이와 같이 회향하기를 '일체 중생이 다 청정한 부처님세계에 편안히 머물러서 일체 공덕을 부지런히 닦아 익히고, 심히 깊은 삼매의 경계에 편안히 머물러서 일체 머무는 곳에 집착함을 여의어 버리며, 모든 머무는 곳이 다 있는 바가 없음을 알아서 모든 세간을 여의어

住一切智 攝取一切諸佛所住 住究竟道安樂住處 恒住第一
淸淨善根 終不捨離佛無上住處 是爲菩薩摩訶薩 施房舍
時 善根廻向 爲欲利益一切衆生 隨其所應 思惟救護故 佛
子 菩薩摩訶薩 施住處時 以諸善根 如是廻向 所謂願一切
衆生 常獲善利 其心安樂 願一切衆生 依如來住 依大智住
依善知識住 依尊勝住 依善行住 依大慈住 依大悲住 依
六波羅蜜住 依大菩提心住 依一切菩薩道住

일체 지혜에 머물고, 일체 모든 부처님의 머무시는 바를 거두어 안락한 곳인 구경의 도에 머물며, 항상 제일의 청정한 선근에 머물러서 끝내 부처님의 위 없이 머무는 곳을 여의어 버리지 않기를 서원하나이다.'라고 합니다.

이것을 보살마하살이 방사를 보시할 때 선근으로 회향하는 것이라 하니, 일체 중생을 이익 되게 하기 위해서 그 응할 바를 따라 사유하고 구호하려는 까닭입니다.

불자들이여, 보살마하살이 머무는 곳을 보시할 때에 모든 선근으로써 이와 같이 회향하기를 '일체 중생이 항상 좋은 이익을 얻어 그 마음이 안락하기를 서원하나이다.

일체 중생이 여래를 의지해 머물고, 큰 지혜를 의지해 머물며, 선지식을 의지해 머물고, 높고 수승함을 의지해 머물며, 선행을 의지해 머물고, 대자를 의지해 머물며, 대비를 의지해 머물고, 육바라밀을 의지해 머물며, 큰 보리심을 의지해 머물고, 일체 보살도를 의지해 머물기를 서원하나이다.'라고 합니다.

是爲菩薩摩訶薩 施住處時 善根廻向 爲令一切福德淸淨
故 究竟淸淨故 智淸淨故 道淸淨故 法淸淨故 戒淸淨故
志樂淸淨故 信解淸淨故 願淸淨故 一切神通功德淸淨故
佛子 菩薩摩訶薩 施諸燈明 所謂蘇燈 油燈 寶燈 摩尼燈
漆燈 火燈 沈水燈 栴檀燈 一切香燈 無量色光燈 施如是
等無量燈時 爲欲利益一切衆生 爲欲攝受一切衆生 以此
善根 如是廻向

이것을 보살마하살이 머무는 곳을 보시할 때 선근으로 회향하는 것이라 하니, 일체로 하여금 복덕을 청정하게 하려는 까닭이고, 구경까지 청정하게 하려는 까닭이며, 지혜를 청정하게 하려는 까닭이고, 도를 청정하게 하려는 까닭이며, 법을 청정하게 하려는 까닭이고, 계를 청정하게 하려는 까닭이며, 뜻의 즐거움을 청정하게 하려는 까닭이고, 믿어 아는 것을 청정하게 하려는 까닭이며, 서원을 청정하게 하려는 까닭이고, 일체 신통과 공덕을 청정하게 하려는 까닭입니다.

불자들이여, 보살마하살이 모든 등을 켜서 보시하니, 소등*과 유등과 보등과 마니등과 칠등과 화등과 침수등과 전단등과 일체 향등과 한량없는 색광등으로 합니다.

이와 같은 등의 한량없는 등(燈)을 보시할 때에 일체 중생을 이익 되게 하려 하고, 일체 중생을 거두어 받아들이고자 하여 이 선근으로써 이와 같이 회향하기를

所謂願一切衆生 得無量光 普照一切諸佛正法 願一切衆
生 得淸淨光 照見世間 極微細色 願一切衆生 得離翳光
了衆生界 空無所有 願一切衆生 得無邊光 身出妙光 普照
一切 願一切衆生 得普照光 於諸佛法 心無退轉 願一切衆
生 得佛淨光 一切刹中 悉皆顯現 願一切衆生 得無礙光
一光徧照 一切法界 願一切衆生 得無斷光 照諸佛刹 光明
不斷 願一切衆生 得智幢光 普照世間

'일체 중생이 한량없는 광명을 얻어서 널리 일체 모든 부처님의 바른 법을 두루 비추기를 서원하고, 일체 중생이 청정한 광명을 얻어서 세간에 극히 미세한 색까지 비추어 보기를 서원하며, 일체 중생이 가리움을 여읜 광명을 얻어서 중생계가 공하여 있는 바가 없음을 알기를 서원하고, 일체 중생이 가없는 광명을 얻어서 몸에서 묘한 광명을 내어 일체를 두루 비추기를 서원하며, 일체 중생이 두루 비추는 광명을 얻어서 모든 불법에 퇴전하는 마음이 없기를 서원하고, 일체 중생이 부처님의 청정한 광명을 얻어서 일체 세계 가운데에 모두 다 나타나기를 서원하며, 일체 중생이 걸림이 없는 광명을 얻어서 온통인 광명으로 일체 법계를 두루 비추기를 서원하고, 일체 중생이 끊어짐이 없는 광명을 얻어서 모든 부처님세계를 비추어 광명이 끊이지 않기를 서원하며, 일체 중생이 지혜당기의 광명을 얻어서 세간을 두루 비추기를 서원하고,

願一切衆生 得無量色光 照一切刹 示現神力 菩薩 如是施
燈明時 爲欲利益一切衆生 安樂一切衆生故 以此善根 隨
逐衆生 以此善根 攝受衆生 以此善根 分布衆生 以此善根
慈愍衆生 以此善根 覆育衆生 以此善根 救護衆生 以此善
根 充滿衆生 以此善根 緣念衆生 以此善根 等益衆生 以
此善根 觀察衆生 爲菩薩摩訶薩 施燈明時 善根廻向 如是
廻向 無有障礙 普令衆生 住善根中

일체 중생이 한량없는 색 광명을 얻어서 일체 세계를 비추어 위신력을 나타내 보이기를 서원하나이다.'라고 합니다.

보살이 이와 같이 등을 켜서 보시할 때에 일체 중생을 이익 되게 하고 일체 중생을 안락하게 하기 위해서, 이 선근으로써 중생을 따라주고, 이 선근으로써 중생을 거두어 받아들이며, 이 선근으로써 중생에게 나누어 주고, 이 선근으로써 중생을 자비로 불쌍히 여기며, 이 선근으로써 중생을 덮어주어 기르고, 이 선근으로써 중생을 구호하며, 이 선근으로써 중생을 충만하게 하고, 이 선근으로써 중생을 반연하여 생각하며, 이 선근으로써 중생을 평등하게 이익 되게 하고, 이 선근으로써 중생을 관찰합니다.

이것을 보살마하살이 등을 켜서 보시할 때 선근으로 회향하는 것이라 하니, 이와 같은 회향은 장애가 없어서 널리 중생들로 하여금 선근 가운데에 머물게 합니다.

佛子 菩薩摩訶薩 施湯藥時 以諸善根 如是廻向 所謂願一切衆生 於諸蓋纏 究竟得出 願一切衆生 永離病身 得如來身 願一切衆生 作大良藥 滅除一切不善之病 願一切衆生 成阿伽陀藥 安住菩薩不退轉地 願一切衆生 成如來藥 能拔一切煩惱毒箭 願一切衆生 親近賢聖 滅諸煩惱 修淸淨行 願一切衆生 作大藥王 永除衆病 不令重發 願一切衆生 作不壞藥樹 悉能救療一切衆生 願一切衆生 得一切智光 出衆病箭 願一切衆生 善解世間方藥之法 所有疾病 爲其救療

불자들이여, 보살마하살이 탕약을 보시할 때에 모든 선근으로써 이와 같이 회향하기를 '일체 중생이 모든 번뇌에서 구경에는 벗어나기를 서원하고, 일체 중생이 병든 몸을 영원히 여의고 여래의 몸을 얻기를 서원하며, 일체 중생이 훌륭한 양약이 되어 일체 좋지 못한 병을 멸하여 없애기를 서원하고, 일체 중생이 아가타 약이 되어 보살의 불퇴전의 경지에 편히 머물기를 서원하며, 일체 중생이 여래의 약이 되어 일체 번뇌의 독화살을 뽑아 버리기를 서원하고, 일체 중생이 성현을 친근하여 모든 번뇌를 멸하고 청정한 행을 닦기를 서원하며, 일체 중생이 큰 약왕이 되어 온갖 병을 영원히 없애고 재발하지 않기를 서원하고, 일체 중생이 썩지 않는 약나무가 되어 일체 중생을 다 치료하여 구제하기를 서원하며, 일체 중생이 일체 지혜의 광명을 얻어 온갖 병의 화살을 뽑아버리기를 서원하고, 일체 중생이 세간의 약과 방법을 잘 알아서 모든 질병을 치료하여 구제하기를 서원하나이다.'라고 합니다.

菩薩摩訶薩 施湯藥時 爲令一切衆生 永離衆病故 究竟安
隱故 究竟淸淨故 如佛無病故 拔除一切病箭故 得無盡堅
固身故 得金剛圍山所不壞身故 得堅固滿足力故 得圓滿不
可奪佛樂故 得一切佛自在堅固身故 以諸善根 如是廻向 佛
子 菩薩摩訶薩 悉能惠施一切器物 所謂黃金器 盛滿雜寶
白銀器 盛衆妙寶 琉璃器 盛種種寶 玻瓈器 盛滿無量寶莊
嚴具

보살마하살이 탕약을 보시할 때에 일체 중생으로 하여금 온갖 병을 영원히 여의게 하기 위해서이고, 구경에 편안하게 하기 위해서이며, 구경에 청정하게 하기 위해서이고, 부처님과 같이 병이 없게 하기 위해서이며, 일체 병의 화살을 뽑아버리기 위해서이고, 다함이 없는 견고한 몸을 얻게 하기 위해서이며, 금강철위산*처럼 무너지지 않는 몸을 얻게 하기 위해서이고, 견고하고 원만히 구족한 힘을 얻게 하기 위해서이며, 원만하고 빼앗을 수 없는 부처님의 낙을 얻게 하기 위해서이고, 일체 부처님의 자재하고 견고한 몸을 얻게 하기 위해서 모든 선근으로써 이와 같이 회향합니다.

불자들이여, 보살마하살이 일체 그릇을 은혜롭게 다 보시하니, 황금 그릇에 여러 가지 보배를 가득 담고, 백은 그릇에 온갖 묘한 보배를 담으며, 유리 그릇에 갖가지 보배를 담고, 파려 그릇에 한량없는 보배 장엄구를 가득 담으며,

硨磲器 盛赤眞珠 瑪瑙器 盛滿珊瑚摩尼珠寶 白玉器 盛衆
美食 栴檀器 盛天衣服 金剛器 盛衆妙香 無量無數種種寶
器 盛無量無數種種衆寶 或施諸佛 信佛福田不思議故 或
施菩薩 知善知識難値遇故 或施聖僧 爲令佛法 久住世故
或施聲聞 及辟支佛 於諸聖人 生淨信故 或施父母 爲尊重
故 或施師長 爲恒誘誨 令依聖敎 修功德故 或施下劣貧窮
孤露 大慈大悲愛眼 等視諸衆生故

자거 그릇에 붉은 진주를 담고, 마노 그릇에 산호와 마니주 보배를 가득 담으며, 백옥 그릇에 온갖 맛있는 음식을 담고, 전단 그릇에 하늘의 의복을 담으며, 금강 그릇에 온갖 묘한 향을 담고, 한량없고 셀 수 없는 갖가지 보배 그릇에 한량없고 셀 수 없는 갖가지 많은 보배를 담습니다.

  혹은 모든 부처님께 보시하니 부처님의 복밭이 부사의함을 믿는 까닭이고, 혹은 보살에게 보시하니 선지식을 만나기 어려움을 아는 까닭이며, 혹은 거룩한 스님에게 보시하니 불법이 세상에 오래 머물게 하는 까닭이고, 혹은 성문과 벽지불에게 보시하니 저 모든 성인에게 청정한 믿음을 내는 까닭이며, 혹은 부모에게 보시하니 존중하는 까닭이고, 혹은 스승과 나이 많은 어른에게 보시하니 항상 일깨워주어 성인의 가르침을 의지해서 공덕을 닦게 하는 까닭이며, 혹은 하열하고 빈궁하며 외로운 이에게 보시하니 대자대비한 사랑의 눈으로 모든 중생을 평등하게 보는 까닭이고,

專意滿足去來今世一切菩薩 檀波羅蜜故 以一切物 普施一
切 終不厭捨諸衆生故 如是施時 於其施物 及以受者 皆無
所着 菩薩摩訶薩 以如是等種種寶器 盛無量寶 而布施時
以諸善根 如是廻向 所謂願一切衆生 成等虛空無邊藏器
念力廣大 悉能受持世出世間一切經書 無有忘失 願一切衆
生 成淸淨器 能悟諸佛甚深正法 願一切衆生 成無上寶器
悉能受持三世佛法

과거와 미래와 현재세의 일체 보살의 보시바라밀을 오롯한 뜻으로 원만히 구족하게 하려는 까닭이며, 일체 물건으로써 널리 일체에 보시하니 끝내 모든 중생을 싫어하거나 버리지 않는 까닭입니다.

이와 같이 보시할 때에 그 보시하는 물건과 받는 사람에게 모두 집착하는 바가 없습니다.

보살마하살이 이와 같은 등의 갖가지 보배 그릇에 한량없는 보배를 담아서 보시할 때에 모든 선근으로써 이와 같이 회향하기를 '일체 중생이 허공과 같은 가없는 보배장 그릇을 이루어 염력(念力)*이 광대하여 세간과 출세간의 일체 경서를 다 받아 지니고 잊어버림이 없기를 서원하고, 일체 중생이 청정한 그릇을 이루어 모든 부처님의 심히 깊은 정법을 깨닫기를 서원하며, 일체 중생이 위 없는 보배 그릇을 이루어 삼세의 불법을 다 받아 지니기를 서원하고,

願一切衆生 成就如來廣大法器 以不壞信 攝受三世佛菩
提法 願一切衆生 成就最勝寶莊嚴器 住大威德菩提之心
願一切衆生 成就功德所依處器 於諸如來無量智慧 生淨
信解 願一切衆生 成就趣入一切智器 究竟如來無礙解脫
願一切衆生 得盡未來劫菩薩行器 能令衆生 普皆安住一
切智力 願一切衆生 成就三世諸佛種性勝功德器 一切諸
佛妙音所說 悉能受持

일체 중생이 여래의 광대한 법의 그릇을 성취하여 무너지지 않는 믿음으로써 삼세 부처님의 보리법*을 거두어 받아들이기를 서원하며, 일체 중생이 가장 뛰어난 보배로 장엄한 그릇을 성취하여 큰 위덕의 보리심에 머물기를 서원하고, 일체 중생이 공덕에 의지하는 그릇을 성취하여 모든 여래의 한량없는 지혜에 깨끗한 믿음과 앎을 내기를 서원하며, 일체 중생이 일체 지혜의 그릇에 들어가서 구경에 여래의 걸림 없는 해탈을 성취하기를 서원하고, 일체 중생이 미래 겁이 다하도록 보살행의 그릇을 얻어서 중생들로 하여금 널리 다 일체 지혜의 힘에 편안히 머물기를 서원하며, 일체 중생이 삼세 모든 부처님의 종자 성품인 뛰어난 공덕 그릇을 성취하여 일체 모든 부처님의 묘한 음성으로 설하신 바를 다 받아 지니기를 서원하고,

願一切衆生 成就容納盡法界虛空界一切世界一切如來衆
會道場器 爲大丈夫讚說之首 勸請諸佛 轉正法輪 是爲菩
薩摩訶薩 布施器時 善根廻向 爲欲普令一切衆生 皆得圓
滿普賢菩薩行願器故

일체 중생이 온 법계와 허공계와 일체 세계와 일체 여래의 도량에 모인 대중을 받아들이는 그릇을 성취하여, 대장부로서 설법을 찬탄하는 우두머리가 되어 모든 부처님께 권청하여 바른 법륜을 굴리시기를 서원하나이다.'라고 합니다.

이것을 보살마하살이 그릇을 보시할 때 선근으로 회향하는 것이라 하니, 널리 일체 중생으로 하여금 다 보현보살의 서원행의 그릇을 원만히 얻게 하려는 까닭입니다."

대원선사 결문

대원선사 결문(決文)

문 : 어떻게 해야 일체 곳과 일체 불보살과 일체 중생에
　　게 부족함이 없는 보시를 하겠습니까?

답 : (죽비를 들었다 눕혀놓고)
　　험!
　　(잠잠히 있다가 이르기를)
　　이미 갖추어져 부족함이 없을 것이니 때와 장소와
　　처지를 알아 잘 쓸 것이니라.

∽ 미주

* 계온(戒蘊) : 계의 집합. 도덕적 실천에 속하는 모든 것을 말한다. 계온·정온·혜온을 삼온이라 하며 그 중 하나이다. 정어와 정명을 계온이라 하고, 정념과 정정을 정온이라고 하며, 정견, 정사유, 정정진의 세가지를 합하여 혜온이라고 이름한다.
* 금강철위산(金剛鐵圍山) : 수미산의 사주(四洲)를 둘러싸고 있는 철위산.
* 나라연(那羅延) : 천상의 역사(力士)로서 불법을 지키는 신. 제석천의 권속으로 집금강의 하나이다. 그 힘의 세기가 코끼리의 백만 배가 된다고 한다.
* 단식(摶食) : 손으로 작고 둥글게 뭉쳐서 먹는 것. 신체를 유지하는 최소한의 물질적인 음식을 말한다.
* 무차대회(無遮大會) : 신분을 가리지 않고 보시를 행하여 공덕을 베푸는 법회.
* 보리법(菩提法) : 깨달음에 이르르기 위한 수행법. 삼십칠조도품과 같다.
* 보특가라(補特伽羅) : 산스크리트어 pudgala의 음사이다. 인(人)·중생(衆生)·삭취취(數取趣)·아(我)라 번역한다. 번뇌와 업의 인연으로 육취에 왕래하며 윤회를 거듭하는 주체라하

여 삭취취라고도 한다.

* 사해(四海) : 수미산 사방을 둘러싸고 있는 바다.
* 소등(蘇燈) : 우유를 가공한 액체에 향기 나는 기름을 넣어 태우는 등불.
* 염력(念力) : 선정에 들어 대상에 흩어지는 산란한 마음을 거두는 의식의 작용력. 오력(五力) 중 세번째에 해당하며 삼십칠조도품 중 하나이기도 하다.
* 혼연하여 구별이 없는 만물의 근원이 되는 도 : 원문의 무(無)를 말한다.

∽ 81권 화엄경 권과 품

부록 1

불조정맥

불조정맥(佛祖正脈)

🪷 인 도

교조 석가모니불 (敎祖 釋迦牟尼佛)

1조 마하가섭 (摩訶迦葉)

2조 아난다 (阿難陀)

3조 상나화수 (商那和脩)

4조 우바국다 (優波鞠多)

5조 제다가 (堤多迦)

6조 미차가 (彌遮迦)

7조 바수밀 (婆須密)

8조 불타난제 (佛陀難堤)

9조 복타밀다 (伏馱密多)

10조 파율습박(협) (波栗濕縛, 脇)

11조 부나야사 (富那夜奢)

12조 아나보리(마명) (阿那菩堤, 馬鳴)

13조 가비마라 (迦毗摩羅)

14조 나가르주나(용수) (那閼羅樹那, 龍樹)

15조 가나제바 (迦那堤波)

16조 라후라타 (羅睺羅陀)

17조 승가난제 (僧伽難提)

18조 가야사다 (迦耶舍多)

19조 구마라다 (鳩摩羅多)

20조 사야다 (闍夜多)

21조 바수반두 (婆修盤頭)

22조 마노라 (摩拏羅)

23조 학륵나 (鶴勒那)

24조 사자보리 (師子菩堤)

25조 바사사다 (婆舍斯多)

26조 불여밀다 (不如密多)

27조 반야다라 (般若多羅)

28조 보리달마 (菩堤達磨)

🪷 중 국

29조 신광 혜가 (2 조 神光 慧可)

30조 감지 승찬 (3 조 鑑智 僧璨)

31조 대의 도신 (4 조 大醫 道信)

32조 대만 홍인 (5 조 大滿 弘忍)

33조 대감 혜능 (6 조 大鑑 慧能)

34조 남악 회양 (7 조 南嶽 懷讓)

35조 마조 도일 (8 조 馬祖 道一)

36조 백장 회해 (9 조 百丈 懷海)

37조 황벽 희운 (10조 黃檗 希雲)

38조 임제 의현 (11조 臨濟 義玄)

39조 홍화 존장 (12조 興化 存奬)

40조 남원 혜옹 (13조 南院 慧顒)

41조 풍혈 연소 (14조 風穴 延沼)

42조 수산 성념 (15조 首山 省念)

43조 분양 선소 (16조 汾陽 善昭)

44조 자명 초원 (17조 慈明 楚圓)

45조 양기 방회 (18조 楊岐 方會)

46조 백운 수단 (19조 白雲 守端)

47조 오조 법연 (20조 五祖 法演)

48조 원오 극근 (21조 圓悟 克勤)

49조 호구 소륭 (22조 虎丘 紹隆)

50조 응암 담화 (23조 應庵 曇華)

51조 밀암 함걸 (24조 密庵 咸傑)

52조 파암 조선 (25조 破庵 祖先)

53조 무준 사범 (26조 無準 師範)

54조 설암 혜랑 (27조 雪岩 慧郞)

55조 급암 종신 (28조 及庵 宗信)

56조 석옥 청공 (29조 石屋 淸珙)

※ 한 국

57조 태고 보우 (1 조 太古 普愚)

58조 환암 혼수 (2 조 幻庵 混脩)

59조 구곡 각운 (3 조 龜谷 覺雲)

60조 벽계 정심 (4 조 碧溪 淨心)

61조 벽송 지엄 (5 조 碧松 智儼)

62조 부용 영관 (6 조 芙蓉 靈觀)

63조 청허 휴정 (7 조 淸虛 休靜)

64조 편양 언기 (8 조 鞭羊 彦機)

65조 풍담 의심 (9 조 楓潭 義諶)

66조 월담 설제 (10조 月潭 雪霽)

67조 환성 지안 (11조 喚醒 志安)

68조 호암 체정 (12조 虎巖 體淨)

69조 청봉 거안 (13조 靑峰 巨岸)

70조 율봉 청고 (14조 栗峰 靑杲)

71조 금허 법첨 (15조 錦虛 法沾)

72조 용암 혜언 (16조 龍巖 慧言)

73조 영월 봉율 (17조 詠月 奉律)

74조 만화 보선 (18조 萬化 普善)

75조 경허 성우 (19조 鏡虛 惺牛)

76조 만공 월면 (20조 滿空 月面)

77조 전강 영신 (21조 田岡 永信)

78대 대원 문재현 (22대 大圓 文載賢)

부록 2

대원 문재현 선사님
인가 내력

대원 문재현 선사님 인가 내력

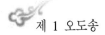
제 1 오도송

이 몸을 끄는 놈 이 무슨 물건인가?
골똘히 생각한 지 서너 해 되던 때에
쉬이하고 불어온 솔바람 한 소리에
홀연히 대장부의 큰 일을 마치었네

무엇이 하늘이고 무엇이 땅이런가
이 몸이 청정하여 이러-히 가없어라
안팎 중간 없는 데서 이러-히 응하니
취하고 버림이란 애당초 없다네

하루 온종일 시간이 다하도록
헤아리고 분별한 그 모든 생각들이

옛 부처 나기 전의 오묘한 소식임을
듣고서 의심 않고 믿을 이 누구인가!

此身運轉是何物
疑端汨沒三夏來
松頭吹風其一聲
忽然大事一時了

何謂靑天何謂地
當體淸淨無邊外
無內外中應如是
小分取捨全然無

一日於十有二時
悉皆思量之分別
古佛未生前消息
聞者卽信不疑誰

　대원 문재현 선사님의 스승이신 불조정맥 제77조 조계종(曹溪宗)
전강(田岡) 대선사님께서 1962년 대구 동화사의 조실로 계실 당시
대원 문재현 선사님께서도 동화사에 함께 머무르고 계셨다.
　하루는, 전강 대선사님께서 대원 선사님의 3연으로 되어 있는 제
1오도송을 들어 깨달은 바는 분명하나 대개 오도송은 짧게 짓는다

고 말씀하셨다. 이에 대원 선사님께서는 제1오도송을 읊은 뒤, 도솔암을 떠나 김제들을 지나다가 석양의 해와 달을 보고 문득 읊었던 제2오도송을 일러드렸다.

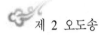
제 2 오도송

해는 서산 달은 동산 덩실하게 얹혀 있고
김제의 평야에는 가을빛이 가득하네
대천이란 이름자도 서지를 못하는데
석양의 마을길엔 사람들 오고 가네

日月兩嶺載同模
金提平野滿秋色
不立大千之名字
夕陽道路人去來

제2오도송을 들으신 전강 대선사님께서는 이에 그치지 않고 그와 같은 경지를 담은 게송을 이 자리에서 즉시 한 수 지어볼 수 있겠냐고 하셨다. 대원 선사님께서는 곧바로 다음과 같이 읊으셨다.

바위 위에는 솔바람이 있고

산 아래에는 황조가 날도다
대천도 흔적조차 없는데
달밤에 원숭이가 어지러이 우는구나

岩上在松風
山下飛黃鳥
大千無痕迹
月夜亂猿啼

　전강 대선사님께서는 위 송의 앞의 두 구를 들으실 때만 해도 지그시 눈을 감고 계시다가 뒤의 두 구를 마저 채우자 문득 눈을 뜨고 기뻐하는 빛이 역력하셨다.
　그러나 전강 대선사님께서는 여기에서도 그치지 않고 다시 한 번 물으셨다.
　"대중들이 자네를 산으로 불러내고 그중에 법성(향곡 스님 법제자인 진제 스님. 동화사 선방에 있을 당시에 '법성'이라 불렸고, 나중에 '법원'으로 개명하였다.)이 달마불식(達磨不識) 도리를 일러보라 했을 때 '드러났다'라고 답했다는데, 만약에 자네가 당시의 양무제였다면 '모르오'라고 이르고 있는 달마 대사에게 어떻게 했겠는가?"
　대원 선사님께서 답하셨다.
　"제가 양무제였다면 '성인이라 함도 서지 못하나 이러-히 짐의 덕화와 함께 어우러짐이 더욱 좋지 않겠습니까?' 하며 달마 대사의

손을 잡아 일으켰을 것입니다."

전강 대선사님께서 탄복하며 말씀하셨다.

"어느새 그 경지에 이르렀는가?"

"이르렀다곤들 어찌 하며, 갖추었다곤들 어찌 하며, 본래라곤들 어찌 하리까? 오직 이러-할 뿐인데 말입니다."

대원 선사님께서 연이어 말씀하시자 전강 대선사님께서 이에 환희하시니 두 분이 어우러진 자리가 백아가 종자기를 만난 듯, 고수 명창 어울리듯 화기애애하셨다.

달마불식 공안에 대한 위의 문답은 내력이 있는 것이다. 전강 대선사님께서 대원 선사님을 부르기 며칠 전에, 저녁 입선 시간 중에 노장님 몇 분만이 자리에 앉아있을 뿐 자리가 텅텅 비어 있었다고 한다.

대원 선사님께서 이상히 여기고 있던 중, 밖에서 한 젊은 수좌가 대원 선사님을 불렀다. 그 수좌의 말이 스님들이 모두 윗산에 모여 기다리고 있으니 가자고 하기에 무슨 일인가 하고 따라가셨다.

그러자 그 자리에 있던 법성 스님이 보자마자 달마불식 법문을 들고 이르라고 하기에 지체없이 답하셨다.

"드러났다."

곁에 계시던 송암 스님께서 또 안수정등 법문을 들고 물으셨다.

"여기서 어떻게 살아나겠소?"

대뜸 큰소리로 이르셨다.

"안·수·정·등."

이에 좌우에 모인 스님들이 함구무언(緘口無言)인지라 대원 선사님께서는 먼저 그 자리를 떠나 내려와 버리셨다.

그 다음날 입승인 명허 스님께서 아침 공양이 끝난 자리에서 지난 밤 입선시간 중에 무단으로 자리를 비운 까닭을 묻는 대중 공사를 붙여 산 중에서 있었던 일들이 낱낱이 드러나고 말았다. 그리하여 입선시간 중에 자리를 비운 스님들은 가사 장삼을 수하고 조실인 전강 대선사님께 참회의 절을 했던 일이 있었다.

전강 대선사님께서는 이때에 대원 선사님께서 달마불식 도리에 대해 일렀던 경지를 점검하셨던 것이다.

이런 철저한 검증의 자리가 있었던 다음 날, 전강 대선사님께서 부르시기에 대원 선사님께서 가보니 주지인 월산(月山) 스님께서 모든 것이 약조된 데에서 입회해 계셨으며 전강 대선사님께서는 곧바로 다음과 같이 전법게(傳法偈)를 전해주셨다.

 전 법 게

부처와 조사도 일찍이 전한 것이 아니거늘
나 또한 어찌 받았다 하며 준다 할 것인가
이 법이 2천년대에 이르러서
널리 천하 사람을 제도하리라

佛祖未曾傳
我亦何受授
此法二千年
廣度天下人

　덧붙여 이 일은 월산 스님이 증인이며 2000년까지 세 사람 모두 절대 다른 사람이 알게 하거나 눈에 띄게 하지 않아야 한다고 당부하셨다.

　만약 그러지 않을 시에는 대원 선사님께서 법을 펴 나가는데 장애가 있을 것이라고 예언하셨다. 또한 각별히 신변을 조심하라 하시고 월산 스님에게 명령해 대원 선사님을 동화사의 포교당인 보현사에 내려가 교화에 힘쓰게 하셨다.

　대원 선사님께서 보현사로 떠나는 날, 전강 대선사님께서는 미리 적어두셨던 부송(付頌)을 주셨으니 다음과 같다.

 부 송

　어상을 내리지 않고 이러-히 대한다 함이여
　뒷날 돌아이가 구멍 없는 피리를 불리니
　이로부터 불법이 천하에 가득하리라

不下御床對如是
後日石兒吹無孔
自此佛法滿天下

위의 송의 '어상을 내리지 않고 이러-히 대한다 함이여'라는 첫째
줄 역시 내력이 있는 구절이다.

전에 대원 선사님께서 전강 대선사님을 군산 은적사에서 모시고
계실 당시 마당에서 홀연히 마주쳤을 때 다음과 같은 문답이 있었
다.

전강 대선사님께서 물으셨다.

"공적(空寂)의 영지(靈知)를 이르게."

대원 선사님께서 대답하셨다.

"이러-히 스님과 대담(對談)합니다."

"영지의 공적을 이르게."

"스님과의 대담에 이러-합니다."

"어떤 것이 이러-히 대담하는 경지인가?"

"명왕(明王)은 어상(御床)을 내리지 않고 천하 일에 밝습니다."

위와 같은 문답 중에 대원 선사님께서 답하신 경지를 부송의 첫
째 줄에 담으신 것이다.

전강 대선사님께서 대원 선사님을 인가(印可)하신 과정을 볼 때
한 번, 두 번, 세 번을 확인하여 철저히 점검하신 명안종사의 안목

에 탄복하지 않을 수 없으며 이에 끝까지 1초의 머뭇거림도 없이 명철하셨던 대원 선사님께 찬탄하지 않을 수 없다.

그리하여 법열로 어우러진 두 분의 자리가 재현된 듯 함께 환희 용약하지 않을 수 없다.

이제 전강 대선사님과 약속한 2천년대를 맞이하였으므로 여기에 전법게를 밝힌다.

이로써 경허, 만공, 전강 대선사님으로 내려온 근대 대선지식의 정법의 횃불이 이 시대에 이어져 전강 대선사님의 예언대로 불법 이 천하에 가득할 것이다.

21세기에
인류가 해야 할 일

21세기에 인류가 해야 할 일

　이 사람은 1962년 26세 때부터 21세기에 인류에게 닥칠 공해문제, 에너지문제를 예견하고 대체에너지(무한원동기, 태양력, 파력, 풍력 등) 개발과 '울 안의 농법'을 연구하고 그 필요성을 많은 이들에게 이야기해 왔습니다.

　당시에는 너무 시대를 앞서가는 이야기여서인지 일반인들이 수용하지 못하고 오히려 불신의 눈으로 바라보며 이 사람의 법마저 의심하였습니다. 하지만 현대에 있어서는 이것이 인류가 해결해야 할 가장 절박한 사안이 되어 있습니다.

　'사막화방지 국제연대'를 설립한 것도 현재 인류가 해결해야 할 가장 절박한 지구환경문제를 이슈화시키고 그 해결책을 제시하여 재앙에 직면한 지구촌을 살리기 위해서입니다.

　'사막화방지 국제연대'에서 추진하고 있는 사막화 방지, 지구 초원화, 대체에너지 개발은 온 인류가 발 벗고 나서서 해야 할 일입니다.

첫째 사막화 방지에 있어서 기존에 해왔던 '나무심기 사업'은 천문학적인 예산과 많은 인력을 동원하고도 극도로 황폐한 사막화된 환경을 되살리는 데 실패하였습니다.

그래서 이 사람은 사막화 방지에 있어서는 '사막 해수로 사업'을 새로운 방안으로 제시하였습니다.

사막 해수로 사업은 사막화된 지역에 수도관을 매설하여 바닷물을 끌어들여서 염분에 강한 식물을 중심으로 자연생태계를 복원하는 사업입니다.

이것은 나무심기 사업으로 심은 나무들이 절대적으로 물이 부족하여 생존할 수 없었던 문제를 해결할 수 있는, 현재로서는 유일한 해결책입니다.

그러나 '사막화방지 국제연대'의 목적은 사막이 확장되는 것을 방지하자는 것이지 사막 전체를 완전히 없애자는 것은 아닙니다. 인체에서 심장이 모든 피를 전신의 구석구석까지 골고루 보내어 살아서 활동하게 하듯이 사막은 오히려 지구의 심장 역할을 하는 중요한 곳이기 때문입니다.

그래서 21세기에 있어서는 다만 사막의 확장을 방지할 뿐 아니라 사막을 어떻게 운용하느냐를 연구해야 합니다.

사막에 바둑판처럼 사방이 막힌 플륨관 수로를 설치하여 동, 서, 남, 북 어느 방향의 수로를 얼마만큼 채우느냐 비우느냐에 따라, 사막으로부터 사방 어느 방향으로든 거리까지 조절하여, 원하는 지역에 비를 내리게 하고 그치게 할 수 있습니다. 철저히 과학적인 데이터에 의해 이렇게 사막을 운용함으로써 21세기의 지구를 풍요로운 낙원시대로 만들어가야 합니다.

둘째로 지구를 초원화할 수 있는 방안으로서 3년간의 실험을 통해, 광활한 황무지 지역을 큰 비용을 들이거나 많은 인력을 동원하지 않고도 짧은 시간 내에 초지로 바꿀 수 있는 식물을 찾아냈습니다.

그것은 바로 '돌나물'입니다. 돌나물은 따로 종자를 심을 필요가 없이 헬리콥터나 비행기로 살포해도 생존, 번식할 수 있으며, 추위와 더위, 황폐한 땅에서도 살아남을 수 있는 생명력과 번식력이 강한 식물입니다.

지구환경을 되살리는 초지조성 사업에 있어서 이것이 큰 도움이 되리라 생각합니다.

셋째의 대체에너지 개발에 있어서는 태양력, 파력, 풍력 등 1962년도부터 이 사람이 연구하고 얘기해왔던 방법들이 이미 많이 개발되어 실용화한 단계에 있습니다.

이 세 가지 일은 한 개인이나 한 국가가 할 수 있는 일이 아닙니다. 모든 국가가 앞장서서 전 세계적인 사업으로 이루어져야 합니다. 모든 국가가 함께 한 기금조성이 이루어져야 하고 기금조성에 참여한 국가는 이 시스템에 의한 전면적인 혜택을 입을 수 있도록 해야 합니다.

인류 모두가 지혜를 모아 이 일에 전력을 다한다면 인류는 유사 이래 가장 좋은 시절을 맞이하게 될 것이며, 만약 이 일을 남의 일인 양 외면한다면 극한의 재앙을 면할 수 없을 것입니다.

이 사람이 오래 전부터 얘기해왔던 '울 안의 농법'은 이미 미국 라스베이거스(Las Vegas)에서 30층짜리 '고층 빌딩 농장'으로 구현되었습니다. 그렇게 크게도 운영될 수 있지만 각자 자신의 집에서 이루어지는 '울 안의 농법'도 필요합니다.

21세기에 있어서 또 하나 인류가 만일의 사태를 대비해서 연구, 추진해야 될 일이 있다면 바닷속에서의 수중생활, 수중경작입니다.

지구가 심하게 온난화될 경우, 공기가 너무 많이 오염될 경우, 바닷물이 높아져 살 땅이 좁아질 경우 등에 대비할 때, 인류는 우주에서의 삶보다는 바닷속에서의 삶을 준비해야 합니다. 왜냐하면 그것이 훨씬 수월하고 비용도 절감할 수 있기 때문입니다.

이렇게 깨달은 이는 이변적으로는 깨달음을 얻게 하여 영생불멸의 삶을 영위할 수 있도록 만인을 이끌어야 하며 사변적으로는 일반인이 예측할 수 없는 백 년, 천 년 앞을 내다보아 이를 미리 앞서 대비하도록 만인의 삶을 이끌어줘야 한다고 생각합니다.

불법의 뜻은 다만 진리 전수에만 있는 것이 아니니, 만인이 서로 함께 영원한 극락을 누릴 때까지 물심양면으로, 이사일여로 베풀어 교화해야 하기 때문입니다.

가슴으로 부르는
불심의 노래

여기에 실린 것들은 모두 대원 문재현 선사
님께서 직접 작사하신 곡들이다.

　수행의 길로 들어서게끔 신심, 발심을 북돋
아주는 곡으로부터 수행의 길로 접어든 이의
구도의 몸부림이 담겨있는 곡, 대승의 원력을
발해서 교화하는 보살의 자비심과 함께 낙원
세계를 누리는 풍류를 그려놓은 곡까지 가사
한마디, 한마디가 생생하여 그 뜻이 뼛속 깊이
새겨지고 그 멋에 흠뻑 취하게 된다.

　대원 문재현 선사님께서는 거칠고 말초적인
요즘의 노래를 듣고 이러한 정서를 순화시키
고자, 또한 수행의 마음을 진작시키고자 하는
뜻에서 이 곡들을 작사하셨다.

🪷 가슴으로 부르는 불심의 노래 - 악보 목록

🪷 기타 노래 목록

서원가

작사 문재현
작곡 배신영
노래 홍노경

느리게

참 나 를 깨 달 아 서　보 림 을 하 고　다 가 올 내 앞 날 의
보 살 의 가 는 길 이　험 난 타 해 도　맹 세 코 초 지 일 관
중 생 이 끝 이 없 다　말 들 을 해 도　보 현 의 만 행 다 해

서 원 이 라 네　기 어 코 육 바 라 밀　성 취 를 하 여 -
서 원 이 라 네　구 류 를 그 릇 따 라　깨 닫 게 하 여 -
제 도 를 하 여　유 정 과 무 정 모 두　다 한 그 날 이 -

불 보 살 님 큰 은 - 혜 - 에　보 - 답 하 - 면 서
스 승 님 의 큰 은 - 혜 - 에　보 - 답 하 - 면 서
삼 보 님 의 큰 은 - 혜 - 를　갚 - 는 날 - 이 니

영 원 히 구 제 의 길　나 는 - 가 리 - 라
영 원 히 구 제 의 길　나 는 - 가 리 - 라
영 원 히 구 제 의 길　나 는 - 가 리 - 라

Fine

반조 염불가

작사 문재현
작곡 배신영
노래 홍노경

느리게

님께 - 서 베 푸신 자비의 은혜 오 늘
본 래 - 에 드 러난 나인걸 몰라 낙 원

도 감사 한맘 - 어 - 찌 - 잊 으 리 니
올 고 해 로서 - 사 - 는 - 삶 이 니

가 르침 따름만 - 이 살 길 이란 다짐으 로 간
가 르침 따름만 - 이 살 길 이란 다짐으 로 반

절 히시시때때 회광반조 아 미 타불 - 백 -
조 의아미타불 나 도잊은 삼 매 의앎 - 깨 -

팔 염 주일상 화 로 기어 이 - 크게 깨 쳐 크 나
담 기 에좋은때 니 기어 이 - 원을이 뤄 금 생

큰 - 님 의은 혜 갚 으리 라아 미 타 - 불 -
에 - 구 제중 생 불 은갚 길아 미 타 - 불 -

Fine

소중한 삶

작사 문재현
작곡 배신영
노래 홍노경

석가모니불

작사 문재현
작곡 배신영
노래 홍노경

국악가요

맹서의 노래

작사 문재현
작곡 배신영
노래 홍노경

느리게

염원의 노래

작사 문재현
작곡 배신영
노래 홍노경

느리게

음성공양

작사 문재현
작곡 배신영
노래 홍노경

느리게

부처
누리

님 그 사랑 속 의 우리는 행복이로 세 세월
위 빛이신 당 신 오심은 영광이로 세 나를

흐 름 깊-은만 큼 젖 어 든- 나 의이행 복 이
깨 운 반야- 의 지-혜- 닦 아이뤄 서 님

세 상의-모든분 들 부처님 사랑 에- 젖고 젖어봐 요 젖
의 은혜-보답하는 그 서원 다하는- 초지 일관으 로 구

은 만 치 복- 되- 고 행 복 을 누-리 리 니 오
류 중생멸- 도- 해 이 세 상이-대로 를 낙

는- 나날그 자 체그 대로 가 낙 원- 이- 길 서
원- 으로이루 어함께 누릴 그 날- 오- 길 합

원 하 는 기 도- 로- 써 음성
장 기 도 노 래- 로- 써 음성

공 양 올 리 옵 니 - 다   Fine
공 양 올 리 옵 니 - 다

발심가

작사 문재현
작곡 배신영
노래 홍노경

보사노바

자비의 품

작사 문재현
작곡 배신영
노래 홍노경

느리게

부처님 은혜 1

작사 문재현
작곡 배신영
노래 홍노경

느리게

노을이 짙고 새동-지- 찾을땐- 부처 님의절절한- 말씀 생각이 나고

눈에이슬 맺힌채- 참회 기도- 명상으로써 억-겁업을-

재우노라면 구름그늘- 서늘한바 람불어옴을-맞음 이랄까-

상쾌하고 확트인 가 슴- 희망의 미- 소

입가에 번-지-고 콧노래 가절로흘러나 온다- 고맙

습니다- 참-고맙습니 다 더없이큰부처 님은 혜

구류중 생을- 구제함으로써 갚는것이서원- 입니 다 서원

향해- 뛸-것-입니 다- 서원향해다할것입니- 다-

Fine

보살의 은혜

작사 문재현
작곡 배신영
노래 홍노경

느리게

파 - 도 에　실 려 떠 가 는　낙엽같이 살아가는 인생-
구 원 코 자 - 따라주 며　같이 하는 자 - 비 인 데 -

제 안 경 에　보 인 대 로　말 들 - 하 - 지 - 만 -
눈 이 멀 고　귀가먹은　저 들 - 이 - 지 - 만 -

못 들 은 척 - 모 르 는 척　최 - 선 -　다 하 - 리
황 소 처 럼 - 지 장 처 럼　최 - 선 -　다 하 - 리

바 - 른 눈　바 - 른 맘　통 쾌 - 히 열 어 라 -
지 - 혜 눈　지 혜 맘　통 쾌 - 히 열 어 라 -

아 - 아　아 - 아　그 - 날 - 이
아 - 아　아 - 아　그 - 날 - 이

그 - 날 이　오 기 만 을 기 다 리 는 마 - 음 -
그 - 날 이　오 기 만 을 기 다 리 는 마 - 음 -

이 생에 해야 할 일

작사 문재현
작곡 배신영
노래 홍노경

세상사람 날찾는일 등한하지 - 만 생각들
번갯불이 스쳐가듯 가는한세 - 상 맘닦아

해 보 구 려 그 러 할일이던 가 번갯 불 - 스쳐가듯 -
긴 미 래 를 내마음내뜻대 로 대 천 세 계 여저기서 -

아 - 아 무 상 한 한 세 - 상
아 - 아 풍 류 를 누 리 - 며

- 맘 닦 - 아 내 낙 원 을 -
끝 없 - 는 구 제 의 길 -

내이뤄 누리는일 아 - 아 우리모 -
자비로 실천할일 아 - 아 우리모 -

두 해 야 할 일 이 일 뿐 일 세 해 야 할 일 이 일 뿐 일
두 해 야 할 일 이 일 뿐 일 세 해 야 할 일 이 일 뿐 일

세 -
세 -   DS. all play

구도의 목표

작사 문재현
작곡 배신영
노래 홍노경

느리게

님은 아시리

작사 문재현
작곡 배신영
노래 홍노경

부처님 은혜 2

작사 문재현
작곡 배신영
노래 홍노경

느리게

낙엽이지고국향-이 질을땐- 부처님의고고한- 말씀 법계화되고

대승보살나투어-그릇따라- 베푼법문에 만난사-람-

모두가깨쳐 두타보림- 수행을하여 있는그곳-극락이어서-

걸음걸음 상쾌한가슴- 입가에미-소

언제나번-지는 대자유삶누릴지어-다 고맙

습니다-참-고맙습니다 촌각인들부처님은 혜

그어찌한들-잊을날있으리 붉은갚는그날-까지는 서원

향해-뛸-것입니다- 서원향해다할것입니-다-

Fine

성중성인 오셨네

(초파일노래)

작사 문재현
작곡 배신영
노래 홍노경

Swing

내 문제는 내가 풀자 1

작사 문재현
작곡 배신영
노래 홍노경

조금빠르게

나 의

문제 그 뒤라 서 풀 어 주 – 라 내
없는 이 보 고 인 자신 에 – 서 사

일은 – 내 가 풀 어 야 지 누
고 와 – 명 상 깊 이 다 해 깨

구 에 – 게 빌 지 를 말 – 자 지
달 아 – 서 누 리 며 살 – 자 지

금 이 어 느 때 인 데 허공향해구 걸 하 랴 –
금 의 때 에 맞 는 삶 모 두함께웃고 사 세 –

다 함 D.S

Fine

즐거운 밤

작사 문재현
작곡 배신영
노래 홍노경

산 사의 - 연-등불빛- 아롱다롱- 한들한들-

그 옥한 울림속의- 모두가 정-성-

맘 모은 축하속꿈실은 - 발원의 미 소를지으며

즐겁게노래하면 - 아롱다롱 연등 불도 흥겨 웁고- 자비

한 여래품의 포근 한 이한밤

을 석- 가 모니- 불- 석가모니불- 나-

무 석- 가- 모니- 불-

Fine

관음가

作詞 문재현
作曲 배신영
노래 홍노경

조금빠르게 ♩=130

꽃을 보아도 먼 산을 보아도 그리움 그리움이 - 더 - 해 -
진 관세음 관세음은 -
포근한 아 - 아 - 품이랍니다 -
기쁠때에도 어려울 때에도 자애
로 다가 오셔서 힘이 되 -
신 관세음 관세음은 - 포근한 품 - 이랍니
- 다 -

Fine

부처님

작사 문재현
작곡 배신영
노래 채연회

Slow GoGo ♩ = 80

이 슬방울 의 아 침햇빛 보다 -

영 롱한 님이 시고 - 금 구슬에- 반 짝이는 -

빛 보 다 아 름 다운 님이 시 며 -

보 석의 찬란한 빛 보 다 눈 부 신 님이시기 에 생각

만 하여도 설레이 고 이 름 만 들어도 행 복 한 님

영 원 한 우 리 들 의 님 이 십 니 다

열반재일

작사 문재현
작곡 배신영
노래 채연희

성도재일

작사 문재현
작곡 배신영
노래 채연희

찬양합니다　찬양합니다　도이루심찬양합니　다
맹세합니다　맹세합니다　부처님의뒤를이어　서

이세상에　그어떤－　일인들이보다　기쁘고거룩한일
생사고통　영원히－　면하게이끄신　봉화의바른불빛

있－으－리　그옛날의　오늘이룬
지－혜－로　어둔그늘　모두밝혀

부처님의　광명지혜　없었다－　면
부처님의　세상으로　바꿔놓－　는

중생들－이　생사고통　면할길을
그일에－서　제일가는　모습보여

감히어찌　알았으리　감사합니　다
부처님의　은혜갚음　지켜보소　서

감　사　합　니　　　다
지　켜　보　소　　　서

석굴암의 노래

작사 문재현
작곡 배신영
노래 채연희

가사:

그윽히 내려 트인 높고높은산기슭에
태초의 이마음이 무명으로경계이뤄

명월보다밝은 모습 근엄도하셔 라 뵈옵
꿈의세상이어 져서 이런삶됐 지 만 거룩

는 그순간 티끌번뇌 사라지니 한없
한 가르침 깊이새긴 실천으로 일상

이 고요하 여 지-순한 마음일세 이마음
의 시시때때 생활화가 되는그날 이세상

속세에 있을때도 지속되 면 거치른 이세상도 태평세
이대로가 정-토의 세상되 어 노래와 춤으로써 길이길

계 될것일 세
이 즐길걸 세

간 주

D.C.

Fine

님의모습

무 지 개 를　　　타 ─ 고　나 ─ 툰 ─ 모 ─
나 에 게 서　　　깨 ─ 워　주 ─ 신 ─ 모 ─
그 대 로 가　　　유 ─ 마　묵 ─ 연 ─ 마 ─

습
습
음

Fine

믿고 따르세

작사 문재현
작곡 배신영
노래 채연희

고 - 해일 - 러   낙원이라 한   불보 - 살님그 - 말씀   의
참 - 나깨 - 친   밝은지혜 로   선행 - 닦아사 - 상없   는

진 실한경지   알려 - 거든   보고듣 는   그곳향 해
일 상의생활   이루 - 는날   고해일 러   낙원이 란

명 - 상하 - 게   명상 - 으로분 - 별
말 - 씀의 - 뜻   내 - 뜻 - 되 - 어

망 상없 - 어지 고   고요로움   극해지면
큰 웃음을 - 껄껄짓 고   대장부로   삼계구할

불 멸의 나 깨 - 치   네
서 원세 위 행 - 하   리

Fine

신명을 다하리

작사 문재현
작곡 배신영
노래 채연희

부처님께 바치는 마음

작사 문재현
작곡 배신영
노래 채연희

Slow ♩ = 78

늘 새롭 게 태어 남으 로 누리 는
늘 새롭 게 태어 남으 로 오 늘 도

삶을 깨 닫게 이끌어-주신 부처 님 어-
또한 내일도 함없는-함 의 즐거움 어-

찌 감사 함 으로 만족 하 리 까
찌 누림 으로만 만족 하 리 까

부처 님처럼 관세음-처럼 닦 고 이루고 갖추어 서 베
부처 님처럼 관세음-처럼 그리 되도록 최선다 해 구

품-으로- 구제 하는맘 구류가 다한날 까 지
류-들을- 구제 해내는 대자비의무장으 로 써

최 선 다함만이 크 나큰은-혜 갚음이라 영원 히 신-
신 명 다함만이 크 나큰은-혜 갚음이라 부처 님 전-

명 다할 겁 - 니다
에 합장 합 - 니다

Fine

부록4 - 가슴으로 부르는 불심의 노래   181

감사합니다

작사 문재현
작곡 배신영
노래 채연희

감사합니다 환영합니다 이땅위에오신것을-
나를깨우러 대자대비로 이땅위에오셨기에-

축하합니다 경축합니다 성중성인오신것을-
우리모두가 감사함으로 우러러서받듭니다-

손에손을- 서로잡고- 모두함께 즐거워서-
손에손을- 서로잡고- 노래하고 춤을추며-

발걸음도- 가벼웁게- 춤을춤-니다-
나날마다- 오늘같길- 기도합-니다-

춤을춤- 니다-
기도합- 니다-

교화가

작사 문재현
작곡 배신영
노래 채연희

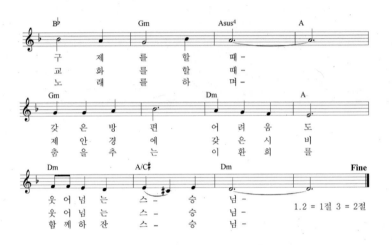

구 제 를 할 때 -
교 화 를 할 때 -
노 래 를 하 며 -

갖 은 방 편 어 려 움 도
제 안 경 에 갖 은 시 비
춤 을 추 는 이 환 희 를

웃 어 넘 는 스 - 승 님 -
웃 어 넘 는 스 - 승 님 -
함 께 하 잔 스 - 승 님 -

1.2 = 1절 3 = 2절

섬진강 소초

작사 문재현
작곡 배신영
노래 채연희

광양-포구 팔십-리의 거룻배에 몸을 싣고
하동-포구 팔십-리에 거룻배를 띄워놓고

석양노을 고운빛에 물새도 맘 읽누 나
노을들어 법문하니 어우러진 웃음이 네

광양하동 어우름의 한결같은 섬진강 은
이 위력이 세상그늘 모두 거둬 열린세 상

머언머언 그 날에도 오늘처럼 - 흐르리 라
평등낙원 누림으로 노래하며 - 살게되 리

우리도 저런 맘 길이지녀 누리며 사 세
그 날을 위한 삶 모두함께 노력해 사 세

Fine

권수가 1

작사 문재현
작곡 배신영
노래 채연회

아니아니- 닦지 는 못하리라 - 일 분과 일 각 - 도-
아니아니- 닦지 는 못하리라 - 한송이 떨어진꽃을낙화 진 다 고

허 - 송하지말게 눈 - 감 아 - 뜨 는사이백 - 발 과 주 름 일세 -
서러워마라한번 피 - 었 다 - 꽃 이지듯우리저렇듯 지 고마 는 -

어 서수행을하 여영원한 참나를알고사 - 세 -
슬 픈나날이흘러흘 - 러 흘러만가니어이하 리 -

이 것이것 이것이뭐 꼬 뭐꼬 라고한 - 이것이 뭐
차 착각 - 저초침소리 검은 옷으로 - 다 가오

꼬 - 보 일듯이아니보이 고
는 - 저 승의사자소 - 리

이룰듯하다 가 놓쳤으니 - 하루하루가 태산만같게,
어찌아 니 슬플쏜가 - 숙 - 명적인 인 과라해도

커져만 - 가는게 의심일세 - 얼 씨구나 좋 다 -
극복해 - 넘기에 어려움네 - 얼 씨구나 좋 다 -

지 화 자 좋 네 - 아니닦지는 -코러스-
지 화 자 좋 네 - 아니닦지는

못 - 하 리 - 라 - Fine
못 - 하 리 - 라 -

권수가 2

작사 문재현
작곡 배신영
노래 채연희

아 니아니 - 닦지 는 못하리라 - 적적요요달밝은- 밤 에
아 니아니 - 닦지 는 못하리라 - 어지러운번 뇌- 망 상 -

단정히 눈 을감 은 깊은삼매 - 대상없는낙에취 해 짓는미소 -
털 - 고 이룬보리마음모 든 속박 - 다떨치고호연지기를 누 리 는데

한산습득이 즐겨누리 는 그낙이아니던 - 가 -
송죽바람솔솔향기 그윽하고 - 그윽하 네 -

모 두들 - 저런낙을 - 누 리 려거든 - 닦고 닦
산 새도 - 노래하니 - 너 도좋고 - 나 도좋

소 - 삼 세모든불보살 님 도
다 - 삼 세제불무현금 - 에

188 화엄경 25권

두타의수행을 인내로써 하루하루를 수행해왔던
역-대조-사 무공적의 명-월삼경 이좋은밤을

결실로-얻어진 과위라네 얼씨구나 좋다
두둥실-두둥실 즐겨보세 얼씨구나 좋다

지 화 자 좋 네 아 니 닦 지 는 -코러스-
지 화 자 좋 네 아 니 닦 지 는

못 - 하 리 - 라
못 - 하 리 - 라

Fine

우란분재일

작사 문재현
작곡 배신영
노래 채연희

Trot in4 (double beat) ♩ = 134

우 란분재 맞-이해 서   대자대비-부처-님 을
정 성어린   마-음으로   이고득락-비옵-나 니

이 자-리에   청해모 셔   다생부모 왕생극 락
세 상-애착 모두끊 고   부처님의 그세상 에

정성다한맘입니 다   지혜짧아   못-미-쳐 서
나시기만원합니 다   다생겁에   경-험-하 신

중한은혜 입-고서 도   보은보 답   못하고 서
부질없는 몸-종노 룻   그허망을   떨침만 이

이생까지 이-른것 을   머리-숙여   부처님 께
윤회고를 벗-어나 는   길이-오 니   그리되 길

참 회합니- 다   참 회-합니- 다
비 옵나이- 다   비 옵-나이- 다

Fine

고맙습니다

작사 문재현
작곡 배신영
노래 채인회

믿음으로 여는 세상

작사 문재현
작곡 배신영
노래 채연희

출가재일

작사 문재현
작곡 배신영
노래 채연희

염원

작사 문재현
작곡 배신영
노래 채연희

우리네 삶, 고운 수로

작사 문재현
작곡 배신영
노래 채연희

숲속의 마음

작사 문재현
작곡 배신영
노래 채연희

사색

작사 대원 문재현
작곡 배신영

조 용 - 히 눈 - 감 고 서 참 - 나 를 살 펴 - 봐 요
조 용 - 한 사 - 색 으 - 로 깨 - 달 아 살 펴 - 보 면

갖 은 생 각 모 든 행 이 이 로 좇 아 있 건 만 - 은
온 갖 지 혜 모 든 덕 이 이 로 좇 아 있 - 음 - 에

색 깔 도 모 양 도 없 어 알 - 고 파 서 사 색 일 세 모 든 걸 내 려 놓 고 -
그 능 력 베 풀 고 펼 쳐 누 - 리 려 고 수 행 일 세 모 두 를 다 비 우 고 -

쉬 는 시 간 사 색 으 로 한 걸 음 또 한 걸 음 다 가 서 는 노 력 다 해 기 어 이 성 취 하 여
님 의 자 취 따 름 으 로 한 걸 음 또 한 걸 음 극 락 세 계 다 가 가 서 기 어 이 성 취 하 여

낙 원 의 - 삶 - 누 리 려 네
너 나 없 - 이 - 누 려 보 세

천부경을 아시나요

작사 대원 문재현
작곡 배신영

우리조상 깊 - 은진리 천부경을아시나 요
바른진리 깨 - 달아서 이세상을바로봐 요

여든 - - 한 - 자속에누 리의 - 온이 - 치 - 를
마음 - - - 의 능 - 력으로펼 처놓은장엄 - 이 - 라

남김없이 - 담으셨 - 네 - 필부의사내 - 라 도
화려하고 아름답 - 네 - 이땅인이대 - 로 가

마음을 - 갈고닦 - 아 영원 한참 - 나께 - 쳐
낙원의 - 세계이 - 니 노래와춤 - 으로 - 써

환인 - 큰은혜에 보답 - 해사 - 세
어깨 - 동무하고 영원 - 히사 - 세

보살가

작사 대원 문재현
작곡 김동환

너무느리지않게 ♩ = 80

세상사에어 울린 구 제의길

어려움도웃어넘긴 이 마음을 흰 구름너도알리 라

성불의보리과를 이루기위해 두타의 수행으로 써

이 세계 저 세계서 닦았던 보현행을 영원히 펼치 — 리

도서출판 문젠(Moonzen)의 책들

1~5. 바로보인 전등록 (전30권을 5권으로)

7불과 역대 조사의 말씀이 1,700공안으로 집대성되어 있는 선종 최고의 고전으로, 깨달음의 정수가 살아 숨쉬도록 새롭게 번역되었다.

464, 464, 472, 448, 432쪽.

각권 18,000원

6. 바로보인 무문관

황룡 무문 혜개 선사가 저술한 공안집으로 전등록, 선문염송, 벽암록 등과 함께 손꼽히는 선문의 명저이다.

본칙 48개와 무문 선사의 평창과 송, 여기에 역저자인 대원 문재현 선사의 도움말과 시송으로 생명과 같은 선문의 진수를 맛보여 주고 있다.

272쪽. 12,000원

7. 바로보인 벽암록

설두 선사의 설두송고를 원오 극근 선사가 수행자에게 제창한 것이 벽암록이다.

이 책은 본칙과 설두 선사의 송, 대원 문재현 선사의 도움말과 시송으로 이루어져, 벽암록을 오늘에 맞게 바로 보이고 있다.

456쪽. 15,000원

8. 바로보인 천부경

우리 민족 최고(最古)의 경전 천부경을 깨달음의 책으로 새롭게 바로 보였다. 이 책에는 81권의 화엄경을 81자에 함축한 듯한 천부경과, 교화경, 치화경의 내용이 함께 담겨 있으며, 역저자인 대원 문재현 선사가 도움말, 토끼뿔, 거북털 등으로 손쉽게 닦아 증득하는 문을 열어놓고 있다.

432쪽. 15,000원

9. 바로보인 금강경

대원 문재현 선사의『바로보인 금강경』은 국내 최초로 독창적인 과목을 내어 부처님과 수보리 존자의 대화 이면의 숨은 뜻을 드러내고, 자문과 시송으로 본문의 핵심을 꿰뚫어 밝혀, 금강경 전체를 손바닥 안의 겨자씨를 보듯 설파하고 있다.

488쪽. 15,000원

10. 세월을 북채로 세상을 북삼아

대원 문재현 선사의 선시가 담긴 선시화집『세월을 북채로 세상을 북삼아』는 선과 시와 그림이 정상에서 만나 어우러진 한바탕이다. 선의 세계를 누리는 불가사의한 일상의 노래, 법열의 환희로 취한 어깨춤과 같은 선시가 생생하고 눈부시게 내면의 소리로 흐른다.

180쪽. 15,000원

11. 영원한현실

애매모호한 구석이 없이 밝고 명쾌하여, 너무도 분명함에 오히려 그 깊이를 헤아리기 어려운, 대원 문재현 선사의 주옥같은 법문을 모아 놓은 법문집이다.

400쪽. 15,000원

12. 바로보인 신심명

신심명은 양끝을 들어 양끝을 쓸어버리는, 40대치법으로 이루어진, 3조 승찬 대사의 게송이다. 이를 대원 문재현 선사가 바로 번역하는 것은 물론, 주해, 게송, 법문을 더해 통쾌하게 회통하고 자유자재 농한 것이 이 『바로보인 신심명』이다.

296쪽. 10,000원

13~17. 바로보인 환단고기 (전5권)

『바로보인 환단고기』 1권은 민족정신의 정수인 환단고기의 진리를 총정리하여 출간하였다. 2권에는 역사총론과 태초에서 배달국까지 역사가 실려 있으며, 3권은 단군조선, 4권은 북부여에서부터 고려까지의 역사가 실려 있다. 5권에는 역사를 증명하는 부록과 함께 환단고기 원문을 실었다.

344 · 368 · 264 · 352 · 344쪽. 각권 12,000원

18~47. 바로보인 선문염송 (전30권)

선문염송은 세계최대의 공안집이다. 전 공안을 망라하다시피 했기에 불조의 법 쓰는 바를 손바닥 들여다보듯 하지 않고 는 제대로 번역할 수 없다. 대원 문재현 선사는 전 공안을 바로 참구할 수 있게끔 번역하고 각 칙마다 일러보였다.

352 368 344 352 360 360 400 440 376 392
384 428 410 380 368 434 400 404 406 440
424 460 472 456 504 528 488 488 480 512쪽
각권 15,000원

48. 앞뜰에 국화꽃 곱고 북산에 첫눈 희다

대원 문재현 선사의 선문답집으로 전강·경 봉·숭산·묵산 선사와의 명쾌한 문답을 실 었으며, 중앙일보의 <한국불교의 큰스님 선문 답> 열 분의 기사와 기자의 질문에 대한 대 원 문재현 선사의 별답을 함께 실었다.

200쪽. 5,000원

49. 바로보인 증도가

선종사에 사라지지 않을 발자취로 남은 영가 선사의 증도가를 대원 문재현 선사가 번역하 고 법문과 송을 더하였다.

자비의 방편인 증도가의 말씀을 하나하나 쳐 가는 선사의 일갈이야말로 영가 선사의 본 의중과 일치하여 부합하는 것이라 아니할 수 없다.

376쪽. 10,000원

50. 바로보인 반야심경

이 시대의 야부(冶父)선사, 대원 문재현 선사가 최초로 반야심경에 과목을 붙여 반야심경 내면에 흐르는 뜻을 밀밀하게 밝혀놓고 거침없는 송으로 들어보였다.

264쪽. 10,000원

51~52. 선(禪)을 묻는 그대에게 (전10권 중 2권)

대원 문재현 선사의 선수행에 대한 문답집. 깨달아 사무친 경지에 대한 밀밀한 점검과, 오후보림에 대한 구체적인 수행법 제시와, 최초의 무명과 우주생성의 원리까지 낱낱이 설한 법문이 담겨 있다.

280쪽, 272쪽. 각권 15,000원

53. 바로보인 선가귀감

선가귀감은 깨닫고 닦아가는 비법이 고스란히 전수되어 있는 선가의 거울이라 할 만하다. 더욱이 바로보인 선가귀감은 매 소절마다 대원 문재현 선사의 시송이 화살을 과녁에 적중시키듯 역대 조사와 서산대사의 의중을 꿰뚫어 보석처럼 빛나고 있다.

352쪽. 15,000원

54. 바로보인 법융선사 심명

심명 99절의 한 소절, 한 소절이 이름 그대로 마음에 새겨두어야 할 자비광명들이다.
이 심명은 언어와 문자이면서 언어와 문자를 초월한 일상을 영위하게 하는 주옥같은 법문이다.

278쪽. 12,000원

55. 주머니 속의 심경

반야심경은 부처님이 설하신 경 중에서도 절제된 경으로 으뜸가는 경이다. 대원 문재현 선사의 선송(禪頌)도 그 뜻을 따라 간략하나 선의 풍미를 한껏 담고 있다. 하루에 한 소절씩을 읽고 참구한다면 선 수행의 지름길이 될 것이다.

84쪽. 5,000원

56. 바로보인 법성게

법성게는 한마디로 화엄경의 핵심부를 온통 훤출히 드러내놓은 게송이다. 짧은 글 속에 일체의 법을 이렇게 통렬하게 담아놓은 법문도 드물 것이다.
이렇게 함축된 법성게 법문을 대원 문재현 선사가 속속들이 밀밀하게 설해놓았다.

176쪽. 10,000원

57. 달다 - 전강 대선사 법어집

이제는 전설이 된 한국 근대선의 거목인 전강 선사님의 최상승법과 예리한 지혜, 선기로 넘쳤던 삶이 생생하게 담겨 있는 전강 대선사 법어집 < 달다 > !

전강 대선사님의 인가 제자인 대원 문재현 선사가 전강 대선사님의 법거량과 법문, 일화를 재조명하여 보였다.

368쪽. 15,000원

58. 기우목동가

그 뜻이 심오하여 번역하기 어려웠던 말계 지은 선사의 기우목동가!

대원 문재현 선사가 바른 뜻이 드러나도록 번역하고, 간결한 결문과 주옥같은 선송으로 다시 보였다.

146쪽. 10,000원

59. 초발심자경문

이 초발심자경문은 한문을 새기는 힘인 문리를 터득하게 하기 위하여 일부러 의역하지 않고 직역하였다.

대원 문재현 선사의 살아있는 수행지침도 실려 있다.

266쪽. 10,000원

60. 방거사어록

방거사어록은 선의 일상, 선의 누림을 보여주는 대표적인 선문이다. 역저자인 대원 문재현 선사는 방거사어록의 문답을 '본연의 바탕에서 꽃피우는 일상의 함'이라 말하고 있다. 법의 흔적마저 없는 문답의 경지를 온전하게 드러내 놓은 번역과, 방거사와 호흡을 함께 하는 듯한 '토끼뿔'이 실려 있다.

306쪽. 15,000원

61. 실증설

이 책의 모태는 대원 문재현 선사가 2010년 2월 14일 구정을 맞이하여 불자들에게 불법의 참뜻을 보이기 위해 홀연히 펜을 들어 일시에 써내려간 이 책의 3부이다. 실증한 이가 아니고는 설파할 수 없는 일구 도리로 보인 이 3부와 태초로부터 영겁에 이르는 성품의 이치를 문답과 인터뷰 법문으로 낱낱이 설한 1, 2를 보아 실증하기를…

224쪽. 10,000원

62. 하택신회대사 현종기

육조대사의 법이 중국천하에 우뚝하도록 한 장본인, 하택신회대사의 현종기. 세간에 지해종도로 알려져 있는 편견을 불식시키는 뛰어난 깨달음의 경지가 여기에 담겨있다. 대원 문재현 선사가 하택신회대사의 실경지를 드러내고 바로보임으로써 빛냈다.

232쪽. 10,000원

63. 불조정맥 - 韓·英·中 3개국어판

석가모니불로부터 현 78대에 이르기까지 불조정맥진영(佛祖正脈眞影)과 정맥전법게(正脈傳法偈)를 온전하게 갖춘 최초의 불조정맥서. 대원 문재현 선사가 다년간 수집, 정리하여 기도와 관조 끝에 완성한 『불조정맥』을 3개 국어로 완역하였다.

216쪽. 20,000원

64. 바른 불자가 됩시다

참된 발심을 하여 바른 신앙, 바른 수행을 하고자 해도, 그 기준을 알지 못해 방황하는 불자님들을 위해 불법의 바른 길잡이 역할을 하도록 대원 문재현 선사가 집필하여 출간하였다.

162쪽. 10,000원

65. 누구나 궁금한 33가지

21세기의 인류를 위해 모든 이들이 가장 어렵고 궁금해 하는 문제, 삶과 죽음, 종교와 진리에 대한 바른 지표를 제시하고자 대원 문재현 선사가 집필하여 출간하였다.

180쪽. 10,000원

66. 108진참회문 - 韓·英·中 3개국어판

전생의 모든 악연들이 사라져 장애가 없어지고, 소망하는 삶을 살게 하기 위해 대원 문재현 선사가 10계를 위주로 구성한 108 항목의 참회문이다. 한 대목마다 1배를 하여 108배를 실천할 것을 권한다.

170쪽. 15,000원

67. 달마의 일할도 허락지 않는다

대원 문재현 선사의 짧고 명쾌한 법문집. 책을 잡는 순간 달마의 일할도 허락지 않는 선기와 맞닥뜨리게 될 것이다. 때로는 하늘을 찌를 듯한 기세와, 때로는 흔적 없는 공기와도 같은 향기를 일별하기를…

190쪽. 10,000원

68. 마음대로 앉아 죽고 서서 죽고

생사를 자재한 분들의 앉아서 열반하고 서서 열반한 내력은 물론 그분들의 생애와 법까지 일목요연하게 수록해놓았다.

446쪽. 15,000원

69. 화두 - 韓·英·中 3개국어판

『화두』는 대원 문재현 선사의 평생 선문답의 결정판이다. 생생하게 살아있는 선(禪)을 한·영·중 3개국어로 만날 수 있다. 특히 대원 문재현 선사의 짧은 일대기가 실려 있어 그 선풍을 음미하는 데에 큰 도움을 주고 있다.

440쪽. 15,000원

70. 바로보인 간당론

법문하는 이가 법리를 모르고 주장자를 치는 것을 눈먼 주장자라 한다. 법좌에 올라 주장자 쓰는 이들을 위해서 대원 문재현 선사가 간당론에서 선리(禪理)만을 취하여 『바로보인 간당론』을 출간하였다.

218쪽. 20,000원

71. 완전한 우리말 불공예식법

부처님께 공양을 올리고 불보살님의 가피를 구하는 예법 등을 총칭하여 불공예식법이라 한다. 대원 문재현 선사가 이러한 불공예식의 본뜻을 살려서 완전한 우리말본 불공예식법을 출간하였다.

456쪽. 38,000원

72. 바로보인 유마경

유마경은 가히 불법의 최정점을 찍는 경전이라 할 것이니, 불보살님이 교화하는 경지에서의 깨달음의 실경과 신통자재한 방편행을 보여주는 최상승 경전이다. 대원 문재현 선사가 < 대원선사 토끼뿔 >로 이 유마경에 걸맞는 최상승법을 이 시대에 다시금 드날렸다.

568쪽. 20,000원

73. 실증설 5개국어판 - 韓·英·佛·西·中

대원 문재현 선사가 불법의 참뜻을 보이기 위해 홀연히 펜을 들어 일시에 써내려간 실증설! 실증한 이가 아니고는 설파할 수 없는 도리로 가득한 이 책이 드디어 영어, 불어, 스페인어, 중국어를 더하여 5개국어로 편찬되었다.

860쪽. 25,000원

74. 누구나 궁금한 33가지 3개국어판 - 韓·英·中

누구라도 풀어야 할 숙제인 33가지의 의문에 대한 답을 21세기의 현대인에게 맞는 비유와 언어로 되살린 『누구나 궁금한 33가지』가 한글, 영어, 중국어 3개국어로 출간되었다.

408쪽. 15,000원

75. 달마의 일할도 허락지 않는다 3개국어판 - 韓·英·中

대원 문재현 선사의 짧고 명쾌한 법문집인 『달마의 일할도 허락지 않는다』가 한글, 영어, 중국어 3개국어로 출간되었다. 전세계에서 유일하게 활선의 가풍이 이어지고 있는 한국, 그 가운데에서도 불조의 정맥을 이은 대원 문재현 선사가 살활자재한 법문을 세계로 전하고 있는 책이다.

308쪽. 15,000원

76~99. 화엄경 (전81권 중 24권)

대원 문재현 선사는 선문염송 30권, 전등록 30권을 모두 역해하여 세계 최초로 1,463칙 전 공안에 착어하였다. 이러한 안목으로 대천세계를 손바닥의 겨자씨 들여다보듯 하신 불보살님들의 지혜와 신통으로 누리는 불가사의한 화엄세계를 열어 보였다.

206, 256, 264, 278, 240, 288, 276, 224, 220, 236, 200, 208, 252, 224, 258, 302, 270, 249, 288, 244, 234, 228, 282, 240 쪽.

각권 15,000원

100. 법성게 3개국어판 - 韓·英·中

법성게는 한마디로 화엄경의 핵심부를 훤출히 드러내놓은 게송으로 짧은 글 속에 일체법을 고스란히 담아 놓았다. 대원 문재현 선사의 통쾌한 법성게 법문이 한영중 3개국어로 출간되었다.

376쪽. 15,000원

101. 정법의 원류

『정법의 원류』는 불조정맥을 이은 정맥선원의 소개서이다. 정맥선원은 불조정맥 제77조 조계종 전강 대선사의 인가 제자인 대원 문재현 전법선사가 주재하는 도량이다. 『정법의 원류』를 통해 정맥선원 대원 문재현 선사의 정맥을 이은 법과 지도방편을 만날 수 있다.

444쪽. 20,000원

102. 바로보인 도가귀감

도가귀감은, 온통인 마음(一物)을 밝혀 회복함으로써, 생사를 비롯한 모든 아픔과 고를 여의어, 뜻과 같이 누려서 살게 하고자 한 도교의 뜻을, 서산대사가 밝혀놓은 책이다. 대원 문재현 선사가 부록으로 도덕경의 중대한 대목을 더하고, 그 대목대목마다 결문(決文)하였다.

218쪽. 12,000원

103. 바로보인 유가귀감

유가귀감은 서산대사가 간추려놓은 구절로서, 간결하지만 심오하기 그지없으니, 간략한 구절 속에서 유교 사상을 미루어볼 수 있게 하였다. 대원 문재현 선사가 그 뜻이 잘 드러나게 번역하고 그 대목대목마다 결문(決文)하였다.

236쪽. 15,000원

출간도서

바로보인 전등록 전 5권
바로보인 무문관
바로보인 벽암록
바로보인 천부경·교화경·치화경
바로보인 금강경
세월을 북채로 세상을 북삼아
영원한 현실
바로보인 신심명
바로보인 환단고기 전 5권
바로보인 선문염송 전 30권
앞뜰에 국화꽃 곱고 북산에 첫눈 희다
바로보인 증도가
바로보인 반야심경
선을 묻는 그대에게 1·2
바로보인 선가귀감
바로보인 법융선사 심명
주머니 속의 심경
바로보인 법성게
달다 -전강 대선사 법어집
기우목동가
초발심자경문
방거사어록

실증설
하택신회대사 현종기
불조정맥 - 한·영·중 3개국어판
바른 불자가 됩시다
누구나 궁금한 33가지
108진참회문 - 한·영·중 3개국어판
달마의 일할도 허락지 않는다
마음대로 앉아 죽고 서서 죽고
화두 - 한·영·중 3개국어판
바로보인 간당론
완전한 우리말 불공예식법
바로보인 유마경
실증설 5개국어판 - 한·영·불·서·중
누구나 궁금한 33가지 3개국어판
- 한·영·중
달마의 일할도 허락지 않는다
3개국어판 - 한·영·중
화엄경 전 81권 중 24권
법성게 3개국어판 - 한·영·중
정법의 원류
바로보인 도가귀감
바로보인 유가귀감

출간예정 도서

화엄경 26권 ~ 81권
바로보인 능엄경 제6권
바로보인 원각경
바로보인 육조단경
바로보인 대전화상주 심경
바로보인 전등록 전 30권
바로보인 위앙록
해동전등록
말 밖의 말
언어의 향기

대원 문재현 선송집
진리와 과학의 만남
바로보인 5대 종교
금강경 야부송과 대원선사 토끼뿔
선재동자 참알 오십삼선지식
경봉선사 혜암선사 법을 들어 설하다
십현담 주해
불교대전
태고보우선사어록

법문 MP3를 주문판매합니다

부처님의 78대손이신 대원(大圓) 문재현(文載賢) 전법선사님의 법문 MP3가 나왔습니다. 책으로만 보아서는 고준하여 알기 어려웠던 선문(禪文)의 이치들이 자세히 설하여져 있어서, 모든 궁금증을 시원하게 풀어줄 것입니다.

- 천부경 : 15,000원
- 신심명 : 30,000원
- 현종기 : 65,000원
- 기우목동가 : 75,000원
- 반야심경 : 1회당 5,000원 (총 32회)
- 선가귀감 : 1회당 5,000원 (총 80회)

- 금강경 : 40,000원
- 법성게 : 10,000원
- 법융선사 심명 : 100,000원

대원 선사님 작사 노래 CD 주문판매합니다

가슴으로 부르는
불심의 노래

1. 서 원 가 (3:36)
2. 반조 염불가 (4:00)
3. 소중한 삶 (2:30)
4. 석가모니불 (4:52)
5. 맹서의 노래 (4:25)
6. 염원의 노래 (3:25)
7. 음성 공양 (3:51)
8. 발 심 가 (3:05)
9. 자비의 품 (4:10)
10. 부처님 은혜(첫 번째) (4:34)

11. 보살의 마음 (3:50)
12. 이 생에 해야 할 일 (3:08)
13. 구도의 목표 (3:16)
14. 님은 아시리 (3:42)
15. 부처님 은혜(두 번째) (4:34)
16. 성주청인 오성네 (3:10)
17. 내 문제는 내가 풀자 (2:38)
18. 즐거운 밤 (2:27)
19. 관 음 가 (2:48)

가슴으로 부르는
불심의 노래 2

1. 부 처 님 (4:01)
2. 열반재일 (3:09)
3. 성도재일 (4:00)
4. 석굴암의 노래 (3:19)
5. 님의 모습 (3:15)
6. 믿고 따르세 (2:55)
7. 신명을 다하리 (4:17)
8. 부처님께 바치는 마음 (3:49)
9. 감사합니다 (3:10)
10. 교 화 가 (4:30)

11. 섬진강 소효 (3:08)
12. 관 수 가[1] (3:02)
13. 관 수 가[2] (3:02)
14. 우란분재일 (3:38)
15. 고맙습니다 (2:31)
16. 믿음으로 여는 세상 (3:05)
17. 출가재일 (2:44)
18. 염 원 (2:52)
19. 우리네 삶, 고운 수로 (2:35)
20. 숲속의 마음 (2:33)

유튜브에서 채널 구독하시고
무료로 찬불가 앨범을 감상하세요

유튜브에서 MOONZEN을 검색하시거나
아래의 주소로 접속해주세요

http://www.youtube.com/user/officialMOONZEN

화엄경 25권은 성불사 국제정맥선원 현성 서명원 본연님의 보시에 의해 출간되었습니다. 이 무량공덕으로 구 경성불하시기를 기원합니다.